"建设强国之道"系列丛书

新时代
建设教育强国之道

纪建强　任会芬　李　铮　邹小军◎著

中共中央党校出版社

图书在版编目（CIP）数据

新时代建设教育强国之道 / 纪建强等著 . -- 北京：中共中央党校出版社 , 2025. 3. -- ISBN 978-7-5035-7635-5

Ⅰ . G52

中国国家版本馆 CIP 数据核字第 2025K46G97 号

新时代建设教育强国之道

策划统筹	任丽娜
责任编辑	马琳婷　桑月月
责任印制	陈梦楠
责任校对	高　鹏
出版发行	中共中央党校出版社
地　　址	北京市海淀区长春桥路 6 号
电　　话	（010）68922815（总编室）　（010）68922233（发行部）
传　　真	（010）68922814
经　　销	全国新华书店
印　　刷	中煤（北京）印务有限公司
开　　本	710 毫米 ×1000 毫米　1/16
字　　数	196 千字
印　　张	14.75
版　　次	2025 年 3 月第 1 版　2025 年 3 月第 1 次印刷
定　　价	52.00 元

微 信 ID：中共中央党校出版社　　　邮　箱：zydxcbs2018@163.com

版权所有·侵权必究

如有印装质量问题，请与本社发行部联系调换

前　言

衡量一个国家繁荣强盛的要素有很多，教育水平是首要标准。纵观整个人类历史，世界强国无一不是教育强国，教育始终是强国兴起的关键因素。进入21世纪，为应对新一轮科技革命和产业变革带来的深远影响，世界各国围绕综合国力的竞争日趋激烈。从表面上看，国家之间竞争的领域有很多，但说到底，最根本的是人才的竞争、教育的竞争，教育在国际竞争和国家发展中的基础性、先导性、全局性地位和作用更加突显。面对世界百年未有之大变局，能不能建成教育强国、为加快实现高水平科技自立自强提供支撑，能不能实现从人口大国向人力资源强国的根本性转变，是摆在我们面前的重大时代课题。在一个14亿多人口的发展中大国建设教育强国，没有现成道路可循，也不能照抄照搬别国经验，必然要跨越各种艰难险阻、急流险滩，走出一条中国特色教育强国之路。

中国共产党历来高度重视教育事业的发展，一经成立，就肩负起实现中华民族伟大复兴的历史使命，义无反顾地领导中国人民翻开实现中华民族复兴伟业的教育篇章。新中国成立以来，在中国共产党的领导下，中国人民筚路蓝缕，艰苦奋斗，我国教育事业步履铿锵，取得了举世瞩目的成就。特别是党的十八大以来，以习近平同志为核心的党中央以高度的历史自觉和坚强的战略定力，坚持把教育作为国之大计、党之大计，作出加快教育现代化、建设教育强国的重大决策。从党的十九大提出建设教育强国的重大命题，党的二十大明确到2035年建成教育强国的战略目标，到党的二十届三中全会对深化教育综合改革作出全面部署，再到出台《教育强国建设规划纲要（2024—2035年）》，我们党引领教育事业取得历史性成就、发生格局性变化。今天的中国，已建成世界上规模最大且有质量的教育体系，教育现代化发展总体水平跨入世界中上国家行列，正从教育大国阔步迈向教育强国。

敬教劝学，建国之大本；兴贤育才，为政之先务。在教育强国建设征程中，中国已有坚实的基础，但要清醒地认识到，与世界教育强国相比，我国教育仍存在不少差距、短板，大而不强、发展不平衡、供需错位等问题亟待解决，制约教育高质量发展的思想观念束缚和体制机制弊端还需进一步破除，实现从教育大国向教育强国的跨越还需持续发力。党的十八大以来，习近平总书记站在党和国家事业发展全局的战略高度，围绕教育发表了一系列重要论述，科学回答了"培养什么人、怎样培养人、为谁培养人"的根本问题，深刻回答了新时代新征程为什么要建设教育强国、建设什么样的教育强国、怎样建设教育强国等一系列重大问题，为建设教育强国指明了前进方向、提供了根本遵循。

对理论工作者而言，学习宣传贯彻习近平总书记关于教育的重要论述精神，扎根中国大地进行科学研究，助力建设高质量中国特色社会主义教育理论体系，为教育强国建设提供理论支撑，这是本职所在，也是责无旁贷的时代托付。呈现在读者面前的这本《新时代建设教育强国之道》，就是笔者在这方面的一次粗浅尝试。本书以习近平总书记关于教育的重要论述为指导，全面把握教育强国的基本特征，体现教育的政治属性、人民属性和战略属性的具体要求，在内容上围绕教育强国建设的方方面面展开，以期向读者全面、准确、系统地呈现习近平总书记擘画的教育强国战略图景。

长风破浪会有时，直挂云帆济沧海。建设教育强国是近代以来中华民族梦寐以求的美好愿望。建设教育强国，任务艰巨、时不我待。今天，我们比历史上任何时期都更有信心、更有能力、更有底气完成这一重大历史使命。让我们聚共识、促落实，在教育"由大到强"的道路上阔步前行，用行动回答好"强国建设、教育何为"的时代课题。

目 录

第一章 **强国必先强教**
一、教育强则国家强　/002
二、从教育大国向教育强国跨越　/012
三、以教育强国建设支撑引领中国式现代化　/025

第二章 **坚持党对教育事业的全面领导**
一、坚持党对教育事业的全面领导是办好教育的根本保证　/040
二、深刻理解坚持党对教育事业全面领导的科学内涵　/049
三、坚持党对教育事业全面领导的实现路径　/058

第三章 **坚持把立德树人作为教育的根本任务**
一、坚持用习近平新时代中国特色社会主义思想铸魂育人　/072
二、把培育和践行社会主义核心价值观融入国民教育体系　/079
三、培养德智体美劳全面发展的社会主义建设者和接班人　/091

第四章 加快建设高质量教育体系

一、夯实基础教育基点 / 104

二、建强高等教育龙头 / 115

三、构建纵向贯通横向融通的职业教育体系 / 122

四、完善服务全民终身学习的教育体系 / 130

第五章 在深化改革创新中激发教育发展活力

一、深化办学体制和教育管理改革 / 138

二、从根本上解决教育评价指挥棒问题 / 151

三、以教育数字化开辟教育发展新赛道 / 157

第六章 增强中国教育的国际影响力

一、中国教育对外开放的发展历程与主要成就 / 168

二、优化教育对外开放布局 / 176

三、积极参与全球教育治理 / 185

第七章 培养高素质教师队伍

一、把师德师风建设摆在首要位置 / 199

二、健全中国特色教师教育体系 / 208

三、完善保障教师队伍建设的政策支持体系 / 216

后　记 / 226

第一章

强国必先强教

教育兴则国家兴，教育强则国家强。建成教育强国是近代以来中华民族梦寐以求的美好愿望，是实现以中国式现代化全面推进强国建设、民族复兴伟业的先导任务、坚实基础、战略支撑。党的二十大报告把教育科技人才单独成章进行布局，吹响了加快建设教育强国的号角。党的二十届三中全会从深入实施科教兴国战略、人才强国战略、创新驱动发展战略，统筹推进教育科技人才体制机制一体改革，健全新型举国体制，提升国家创新体系整体效能出发，对深化教育综合改革作出系统部署。到2035年建成教育强国，是当前和今后一个时期教育改革发展的总目标。党的十八大以来，以习近平同志为核心的党中央坚持把教育作为国之大计、党之大计，作出深入实施科教兴国战略、加快教育现代化的重大决策，新时代教育事业取得历史性成就，教育强国建设迈出坚实步伐。

一、教育强则国家强

习近平总书记在2024年全国教育大会上指出："教育是强国建设、民族复兴之基。"[①] 教育是国家强盛之基，通过培养高素质人才、推动科技创新和提升文化软实力，为国家的全面发展提供关键支撑。

（一）教育决定人类的今天和未来

人类社会需要通过教育不断培养社会需要的人才，需要通过教育来传授已知、更新旧知、开掘新知、探索未知，从而使人们能够更好

[①] 习近平：《紧紧围绕立德树人根本任务　朝着建成教育强国战略目标扎实迈进》，《人民日报》2024年9月11日。

认识世界和改造世界、更好创造人类的美好未来。

1. 教育是提高人民综合素质、促进人的全面发展的重要途径

素质是立身之基，技能是立业之本。"劳动者素质对一个国家、一个民族发展至关重要。劳动者的知识和才能积累越多，创造能力就越大"①。教育作为培养人的事业，对提升人民综合素质和实现人的全面发展具有重要作用。教育是增强劳动者技能与全面提升其素质的关键方式，教育发展的终极目标是提高民众的整体素质，并推动人的全方面发展。

习近平总书记指出，"需要我们紧紧围绕立德树人这个根本任务，着眼于培养德智体美劳全面发展的社会主义建设者和接班人"②。习近平总书记将"德智体美全面发展"进一步发展为"德智体美劳全面发展"，强调要构建德育、智育、体育、美育和劳育"五育并举"的教育体系，从而提高人民综合素质和促进人的全面发展。社会主义教育就是要通过"五育并举"，坚定学生理想信念，增长学生知识见识，培养学生健康体魄，树立学生良好审美，弘扬学生劳动精神，全方位促进学生德智体美劳全面发展，这既是对人民综合素质定位的基本准则，也是人类社会教育的趋向目标，更是人的发展的重要体现。③

2. 教育是民族振兴、社会进步的重要基石

教育既是培育民族振兴和社会进步所需人才的基石，也是推动这两方面发展的创新源泉，是功在当代、利在千秋的德政工程，对提高人民综合素质、促进人的全面发展、增强中华民族创新创造活力、实现中华民族伟大复兴具有决定性意义。

---

① 习近平：《在庆祝"五一"国际劳动节暨表彰全国劳动模范和先进工作者大会上的讲话》，人民出版社2015年版，第9页。
② 习近平：《紧紧围绕立德树人根本任务　朝着建成教育强国战略目标扎实迈进》，《人民日报》2024年9月11日。
③ 秘金雷、贺才乐：《习近平关于教育重要论述的四个维度》，《湖南社会科学》2022年第4期。

当前，我们比历史上任何时期都更接近中华民族伟大复兴的目标，对教育的期待比以往任何时候都更加迫切，对科学知识和卓越人才的渴求也比以往任何时候都更加强烈。实践证明，重视教育就是重视未来，重视教育才能赢得未来。历史告诉我们，无论是昨天、今天还是明天，都必须将服务中华民族伟大复兴作为教育的重要使命。党的二十大报告基于我国经济社会发展的现实状况，确立了全面建设社会主义现代化国家的新要求，尤其着重指出"建成世界上规模最大的教育体系"以及"教育普及水平实现历史性跨越"。加速推进教育强国建设，是推进全面建设社会主义现代化国家、在坚持和发展中国特色社会主义的道路上实现民族复兴的必然要求。

3. 教育是传承人类文明、创造美好生活的重要力量

教育是满足人民日益增长的美好生活需要，创造美好生活的重要力量。教育是推动人类文明进步的重要力量。人类发展史表明，教育从来都是文明世代相传的火炬。通过教育，人类可以传承弘扬传统文化的思想精华和优秀文明成果，实现文明的传承和创造，推动人类文明的进步。

教育与文化传承是相互依存、相辅相成的关系。教育为文化传承提供了理论知识和实践技能，而文化传承则为教育提供了传统智慧和价值引导。一方面，教育能够促进文化传承。教育促进文化传承的方式多种多样。学校是最主要的教育阵地，通过教学传授知识和技能，使学生接受经典著作和传统文化的熏陶。此外，家庭、社会等也是文化传承的重要场所。这些教育途径通过灌输文化意识和价值观念，帮助个人理解、接受并传承文化。另一方面，文化传承为教育提供精神支持和价值引导。文化传承使教育具有深厚的历史渊源和文化沉淀，为教育提供了宝贵的教育资源。传统的道德观念、艺术形式、哲学思想都在学生德育教育中发挥着突出作用。

美好生活是人们的普遍追求，也是人类关于生活的共同理想。对美好生活的追求，是人类生存发展的不竭动力，是推动人类文明进步的持久力量。实现美好生活，是中国人民和世界人民的共同梦想。首先，教育是提高人的智力水平的基础。通过学习和教育，人们可以获取各种知识和技能，开拓眼界，增长见识。教育不仅是传递知识的工具，更是培养人的学习能力和思考能力的途径。只有拥有广博的知识和进行深入的思考，人们才能更好地适应社会的发展和变化，为美好生活打下坚实的基础。其次，教育是塑造人格的重要手段。教育不仅仅关乎知识和技能的传授，更注重培养人的道德品质和人文精神。教育应该是全面的，涵盖知识、智慧、品德和情感等多个方面。通过教育，我们可以培养社会责任意识和文化自信。只有通过教育，人们才能在实现个人价值的同时，更好地关心他人，传递正能量，共同创造美好生活。最后，教育还是促进社会进步的重要推动力。教育不仅仅是为了个体的发展，更是为了社会的进步和繁荣。教育能够培养人们的创造力和创新精神，推动科学技术的进步和社会文明的发展。通过教育，人们可以了解社会的需求和发展趋势，为社会提供更多的人才和创新力量，推动整个社会不断向前发展。

（二）教育是国之大计、党之大计

在2024年全国教育大会上，习近平总书记明确指出："我们坚持把教育作为国之大计、党之大计。"[①] 将新时代教育的发展定位从"国计民生"拓展为"国之大计、党之大计"，从党和国家事业发展全局的高度出发，明确了新时代我国教育发展定位，对于做好当前和今后一个时期教育工作具有十分重大的意义。

1. 教育是国之大计、党之大计的核心要义

教育是国之大计，党之大计。习近平总书记指出："不断加强和改

---

① 习近平：《紧紧围绕立德树人根本任务　朝着建成教育强国战略目标扎实迈进》，《人民日报》2024年9月11日。

进新时代学校思想政治教育，教育引导青少年学生坚定马克思主义信仰、中国特色社会主义信念、中华民族伟大复兴信心，立报国强国大志向、做挺膺担当奋斗者。"[①]并多次强调，教育发展要"坚守为党育人、为国育才"，明确回答了"为谁办教育""为谁培养人"的问题。

教育是功在当代、利在千秋的德政工程。教育事关人民福祉、事关社会公平、事关民族复兴。教育是党和国家的事业，也是全体人民共同的事业。党的十九大以来，习近平总书记多次强调，中国共产党"立志于中华民族千秋伟业"[②]；"千秋基业，人才为本"[③]；教育"是功在当代、利在千秋的德政工程"[④]。习近平总书记在2018年全国教育大会上也指出，"以凝聚人心、完善人格、开发人力、培育人才、造福人民为工作目标"，"办好人民满意的教育"，这是教育工作的价值标准。[⑤]

教育是中华民族伟大复兴的基础工程。党的二十大报告指出："教育、科技、人才是全面建设社会主义现代化国家的基础性、战略性支撑。必须坚持科技是第一生产力、人才是第一资源、创新是第一动力，深入实施科教兴国战略、人才强国战略、创新驱动发展战略，开辟发展新领域新赛道，不断塑造发展新动能新优势。"[⑥]这为新时代我国教育事业改革发展指明了战略方向。教育兴则国家兴，教育强则国家强。习近平总书记充分肯定教育的地位和作用，认为"教育是民族振兴、社会进步的重要基石，是功在当代、利在千秋的德政工程，对提高人民综合素质、促进人的全面发展、增强中华民族创新创造活力、实现

---

① 习近平：《紧紧围绕立德树人根本任务 朝着建成教育强国战略目标扎实迈进》，《人民日报》2024年9月11日。
② 习近平：《在庆祝中国共产党成立100周年大会上的讲话》，人民出版社2021年版，第22页。
③ 习近平：《在全国组织工作会议上的讲话》，人民出版社2018年版，第23页。
④ 习近平：《扎实推动教育强国建设》，《求是》2023年第18期。
⑤ 习近平：《坚持中国特色社会主义教育发展道路 培养德智体美劳全面发展的社会主义建设者和接班人》，《人民日报》2018年9月11日。
⑥ 习近平：《高举中国特色社会主义伟大旗帜 为全面建设社会主义现代化国家而团结奋斗——在中国共产党第二十次全国代表大会上的报告》，人民出版社2022年版，第33页。

中华民族伟大复兴具有决定性意义"①。在与北京师范大学师生代表座谈时，习近平总书记强调："当今世界的综合国力竞争，说到底是人才竞争，人才越来越成为推动经济社会发展的战略性资源，教育的基础性、先导性、全局性地位和作用更加突显。"②强国必强教。教育强国是社会主义现代化强国的重要内容，也是建设社会主义现代化强国的基础和前提。必须始终坚持把教育事业放在优先发展的位置，发展更高水平、更高质量的教育，实现"幼有所育、学有所教"，办人民满意的教育；必须持续推进教育治理体系和治理能力现代化，建设现代化教育体系，全面推进教育现代化进程；必须继续深化教育领域综合改革，破除体制机制弊端，为实现中华民族伟大复兴注入不竭动力。③

2. 教育是国之大计、党之大计的理论逻辑

胡锦涛在2010年全国教育工作会议上指出："教育是国计，也是民生；教育是今天，更是明天。"④教育的"国计民生论"深刻表明，教育不仅对国家进步和民族的前途命运至关重要，而且与民众的幸福生活紧密相连。从国家层面来说，人力资源是推动经济社会发展的首要因素。教育事业的蓬勃发展能显著提升全民族的整体素质，有效促进科技创新与文化昌盛，助力我国从人力资源大国转型升级为人力资源强国。从家庭的视角来看，无数家庭因子女考上大学、找到满意的工作而摆脱了贫困，步入了小康生活，从而大大增强了人民群众的获得感、幸福感和安全感。

"党之大计"在"国计民生论"的基础上，将教育提升到了一个前所未有的重要战略高度，进一步丰富和深化了中国特色社会主义教育理论的内容，并将教育与党的兴衰成败紧密地捆绑在一起。"为政之要，

---

① 习近平：《论党的青年工作》，中央文献出版社2022年版，第180页。
② 习近平：《做党和人民满意的好老师》，《人民日报》2014年9月10日。
③ 刘复兴、朱月：《教育是国之大计、党之大计》，《中国高等教育》2019年第Z3期。
④ 胡锦涛：《在全国教育工作会议上的讲话》，《人民日报》2010年9月9日。

惟在得人。"中国共产党作为百年大党，恰是风华正茂，为了成就千秋伟业，必须确保有源源不断的接班人，要培养出一代又一代坚定拥护中国共产党领导和我国社会主义制度、立志为中国特色社会主义事业奋斗终身的优秀人才。这是中国共产党长期执政的战略工程。

教育是"国之大计、党之大计"的交汇点。影响甚至决定着国家、民族和党的未来。习近平总书记用三个"影响甚至决定着"，突出强调教育对于中国共产党长期执政培养接班人、国家发展长治久安、实现中华民族伟大复兴的中国梦的重要作用。从这个意义上说，教育兴则国家兴，教育强则国家强，建设教育强国是中华民族伟大复兴的基础工程。[1]

（三）始终把教育摆在优先发展的战略位置

党的二十大报告提出，要坚持教育优先发展，深入实施科教兴国战略、人才强国战略，深刻阐释了教育在建设社会主义现代化强国新征程中的基础性、全局性和先导性作用。[2] 坚持以教育优先发展作为基础保障，精准推进教育治理体系与治理能力现代化，是加快构建高质量教育体系的基础途径，也是深入推进中国式教育现代化的内在要求。[3]

1. 教育优先发展的核心要义

历史与实践充分证明，优先发展教育事业是中国经济实力实现历史性跃升，社会主义民主政治制度化、规范化、程序化全面推进，社会和谐稳定发展的重要战略。要将教育摆在优先发展的战略位置，发

---

[1] 王占仁：《习近平总书记教育重要论述的原创性贡献》，《国家教育行政学院学报》2020年第11期。

[2] 参见习近平：《高举中国特色社会主义伟大旗帜　为全面建设社会主义现代化国家而团结奋斗——在中国共产党第二十次全国代表大会上的报告》，人民出版社2022年版，第34页。

[3] 李明：《加快推进教育治理现代化　促进高质量教育体系建设》，《当代教育科学》2022年第10期。

挥教育在全面建设社会主义现代化国家中的基础性、战略性支撑作用。

突出教育发展之全局"优先"。"自党的十四大提出'把教育摆在优先发展的战略地位'起，在很长的时间阶段，我国教育优先发展战略的现实逻辑都等同于增加教育投入。"[①]这为中国教育发展奠定了坚实的经济基础。实际上，中国式教育现代化强调的不仅是经费投入之优先，还指在各项事业发展中全局优先，要实现从投入优先到全局优先的跃升。

强化教育优先且可持续"发展"。自1977年恢复高考以来，教育在人民群众心中的地位得到巩固并不断强化，同时成为社会发展的重要内容，成为党和国家各项事业发展的头等大事。历经几十年的发展，教育成为国家稳定发展的重要基石，是个人自我实现和建功立业的重要途径，成为国家与个人发展的重要动力。当前中国育人评价改革步入深水区，需要不断强化学校教育主阵地，引导校外培训机构坚持公益性办学导向，发挥家校社协同育人作用，以整体优化实现教育可持续发展。[②]

2. 教育优先发展的必要性

教育优先发展是实现中华民族伟大复兴中国梦的必然基础。教育发展质量是衡量国家综合国力的重要指标，教育发展主要为国家发展提供重要的人才支撑，实现中华民族伟大复兴，离不开人才资源做支撑，从而确保在激烈的国际竞争中占据主动优势，形成人才国际竞争的比较优势，为中国梦的实现提供自主支撑力量。[③]

教育优先发展是走向世界舞台的时代要求。教育不仅塑造着当下

---

① 马晓强、刘大伟、万歆、崔吉芳、何春、马筱琼：《坚持优先发展教育事业——习近平总书记关于教育的重要论述学习研究之九》，《教育研究》2022年第9期。
② 欧阳修俊、梁宇健：《中国式教育现代化：内涵、价值与战略进路》，《北京航空航天大学学报（社会科学版）》2024年第1期。
③ 孟东方、张艺：《习近平以人民为中心的教育观探析》，《重庆师范大学学报（社会科学版）》2022年第5期。

的社会，更是未来进步的基石。习近平总书记关于优先发展教育的论述，不仅着眼于国内民族的发展需求，更从全球视角出发，体现了中国作为一个大国的自信与责任担当，旨在促进全球共同繁荣与和谐发展，彰显了我国面向世界、积极参与国际事务与合作的精神，以及为推动构建人类命运共同体所作出的贡献。2016年，习近平总书记在致首届清华大学苏世民书院开学典礼的贺信中指出："当今时代，世界各国人民的命运更加紧密地联系在一起，各国青年应该通过教育树立世界眼光、增强合作意识，共同开创人类社会美好未来。"①

教育的优先发展不应仅限于国内范畴，而应站在与我国综合国力及国际地位相适应的高度，主动寻求在国际层面推动教育优先发展的合作与共识。自党的十八大以来，中国积极响应并深入参与联合国的"教育第一"全球倡议，同时引领"一带一路"沿线国家的国际教育交流与合作，旨在为"一带一路"倡议的推进提供高质量服务、智慧支持和人才保障。中国积极落实《2030可持续发展议程》，通过援建学校、培养师资力量、扩大奖学金规模等方式，提升其他发展中国家的教育发展水平，让发展中国家的民众同样享有更优质、更公平的教育机会。②

3. 教育优先发展的具体实践路径

第一，要坚定实施科教兴国战略、人才强国战略。一方面，科教兴国战略是国家发展的重要支撑。科技是第一生产力，是经济社会发展的核心驱动力。要注重教育的基础性作用，坚持教育为本，深化教育改革，提高教育质量，培养更多具有创新精神和实践能力的人才。通过科教兴国战略的实施，可以为国家发展提供源源不断的智力支持和人才保障。另一方面，人才强国战略是实现民族复兴的关键所在。

---

① 《习近平致首届清华大学苏世民书院开学典礼的贺信》，《人民日报》2016年9月11日。
② 中华人民共和国国务院新闻办公室：《新时代的中国国际发展合作》，《人民日报》2021年1月11日。

人才是第一资源，是国家发展的核心竞争力。要牢固树立"人才是第一资源"的理念，致力于培养创新型人才。教育要深化对创新能力的培养，加强实践教学和科研训练，激发学生的创新思维和实践能力。同时，要加强与产业界的合作，了解行业动态和技术前沿，确保教育内容与实际需求紧密结合。

第二，要推动健全优先发展教育事业的体制机制。要出台一系列支持性政策，包括加大教育投入、优化教育结构、提升教育质量等。政策制定需具有前瞻性和科学性，既要考虑当前教育发展的实际需求，又要预见未来经济社会发展的趋势，确保教育政策既能解决现实问题，又能引领未来发展。要建立健全教育财政投入稳定增长机制，确保教育经费占国内生产总值比例持续提高，并优先保障基础教育、职业教育和高等教育的均衡发展。要鼓励教育内容和教学方法的创新，注重培养学生的创新思维和实践能力，推动素质教育深入发展。

第三，要树立"办好教育事业全社会都有责任"的理念。政府应当坚持教育优先发展的战略地位，不断加大对教育的投入，优化教育资源配置，确保每个孩子都能享受到公平而有质量的教育。学校应当注重学生的全面发展，不仅关注学生的学业成绩，更要注重学生品德修养、身心健康和实践能力的培养。家长应当树立正确的教育观念，关注孩子的身心健康，培养孩子的独立性和自主性，引导孩子形成正确的价值观和人生观。企业可以通过设立奖学金、资助贫困学生、开展职业培训等方式，支持教育事业的发展。社会组织可以开展各种形式的教育公益活动，传播教育理念，提升公众对教育事业的关注度和参与度。媒体可以加强对教育事业的宣传报道，营造全社会关心教育、支持教育的良好氛围。

二、从教育大国向教育强国跨越

党的二十大报告把教育科技人才单独成章进行布局，吹响了加快建成教育强国的号角。2024年全国教育大会上习近平总书记强调："我们要建成的教育强国，是中国特色社会主义教育强国，应当具有强大的思政引领力、人才竞争力、科技支撑力、民生保障力、社会协同力、国际影响力，为以中国式现代化全面推进强国建设、民族复兴伟业提供有力支撑。"① 我国已建成世界上规模最大的教育体系，教育现代化发展总体水平跨入世界中上国家行列，教育强国建设有着良好基础，教育发展进入由大到强的历史新阶段。

（一）建成教育强国具备坚实基础

新中国成立以来，我国教育事业取得巨大发展，特别是在党的十八大之后，在以习近平同志为核心的党中央坚强领导下，新时代教育事业取得历史性成就、发生格局性变化，教育强国建设迈出坚实步伐，为加速构建教育强国奠定了坚实的基础。

1. 教育普及水平不断提高

我国建成了世界上规模最大的教育体系，为建成教育强国奠定了坚实的基础。从2023年全国教育事业发展基本情况来看：学前教育毛入园率91.1%，比上年提高1.4个百分点，提前完成"十四五"规划目标。九年义务教育巩固率95.7%，比上年提高0.2个百分点。在中学阶段，全国共有初中5.23万所，全国初中招生1754.63万人，比上年增加23.25万人，增长1.34%；在校生5243.69万人，比上年增加123.1万人，

---

① 习近平：《紧紧围绕立德树人根本任务　朝着建成教育强国战略目标扎实迈进》，《人民日报》2024年9月11日。

增长2.4%。高中阶段毛入学率91.8%，比上年提高0.2个百分点。在普通高中方面，全国共有普通高中学校1.54万所，比上年增加355所；招生967.8万人，比上年增加20.26万人，增长2.14%；在校生2803.63万人，比上年增加89.75万人，增长3.31%。在中职教育方面，全国中等职业教育（不含人社部门管理的技工学校）共有学校7085所，招生454.04万人，在校生1298.46万人。高等教育毛入学率60.2%，比上年提高0.6个百分点，提前完成"十四五"规划目标。全国共有高等学校3074所，比上年增加61所，各种形式的高等教育在学总规模4763.19万人，比上年增加108.11万人，增长2.32%。[①] 教育的普及极大地提高了国民的综合素质，拓宽了建成教育强国的道路，为建成教育强国打下了坚实的基础。

2. 教育强国建设具有更有力的保障

一是教育经费不断提高。在数量上，全国教育经费总投入由2011年的2.4万亿元提高至2021年的5.8万亿元，是2011年的2.4倍，年均增长9.3%。国家财政性教育经费由2011年的不到2万亿元提高到2021年的4.6万亿元，是2011年的2.5倍，年均增长9.4%，十年累计支出33.5万亿元。[②]

二是培养了一批高素质教师队伍。根据教育部2023年发布的全国教育事业发展概况，2023年全国专任教师总数达到1891.78万人，较前一年增长了0.6%，新增11.42万人。具体而言，小学阶段专任教师数量为665.63万人，增加了2.68万人。初中阶段专任教师408.31万人，增长5.79万人，且其学历合格率高达99.96%，略升0.02个百分点。普通高中专任教师数量为221.48万人，增加了8.16万人，学历合格率为99.2%，提升了0.17个百分点。高等教育专任教师总数为207.49万人，增加了9.71万人，增长率达到4.91%。

---

① 《"数"说2023年全国教育事业发展》，《光明日报》2024年3月2日。
② 吴月：《国家财政性教育经费10年累计支出33.5万亿元》，《人民日报》2022年10月8日。

三是教学硬件设施保障力度不断加强。2023年，全国普通小学校舍面积达9.04亿平方米，较上一年增加1489.44万平方米；初中校舍总面积为8.15亿平方米，增加2877.49万平方米；普通高中的校舍面积为7.09亿平方米，增加2913.55万平方米；中等职业学校校舍面积为3.02亿平方米，增加2711.83万平方米。此外，普通及职业高校的校舍面积共计11.89亿平方米，较上一年增加5814.64万平方米。

3. 教育国际影响力进一步增强

习近平总书记指出："增强我国教育的国际影响力。要完善教育对外开放战略策略，统筹做好'引进来'和'走出去'两篇大文章，有效利用世界一流教育资源和创新要素，使我国成为具有强大影响力的世界重要教育中心。"① 新时代的中国教育，正在以更加开放自信主动的姿态走向世界，为建成教育强国打下良好基础。首先是向世界展示了中国特色、世界水平的现代教育。2021—2022学年，在册国际学生来自195个国家和地区，我国同181个建交国普遍开展了教育合作与交流，与58个国家和地区签署了学历学位互认协议。② 迄今，中国已在19个国家建成23个鲁班工坊，并且泰国鲁班工坊建设人员被泰国公主诗琳通授予"诗琳通公主纪念奖章"。③ 中国职业教育与70多个国家和国际组织建立了稳定联系，在40多个国家和地区开展"中文＋职业教育"特色项目，成立"中国—东盟职业教育联合会"等。中国职业教育标准进入非洲国家国民教育体系，职业学校开发的国际化数字教学资源进入英国学历教育体系。④ 其次是合作交流。新时代以来，为强化教育开放高地建设，多个"示范区"建立起来，如长三角地区国际合作教育

---

① 习近平：《扎实推动教育强国建设》，《求是》2023年第18期。
② 程旭、林焕新：《这十年，我国教育面貌正发生格局性变化》，《中国教育报》2022年9月28日。
③ 陈欣然：《天津建设鲁班工坊，打造职业教育输出体系——"一带一路"上的技术驿站》，《中国教育报》2023年10月13日。
④ 张双鼓：《职业教育国际合作前景广阔》，《光明日报》2022年9月1日。

样板区和国际人文交流汇聚地、粤港澳大湾区国际教育示范区、海南国际教育创新岛、北京留学人才回国服务示范区等,同时支持中西部和东北地区立足区位优势扩大面向周边国家的教育开放。① 一方面,各级各类学校积极"走出去"。老挝苏州大学、同济大学佛罗伦萨海外校区、厦门大学马来西亚分校、北京大学汇丰商学院英国校区等,成为传播中国声音、讲好中国故事、展示中国形象的舞台。② 另一方面,国际交流学生也在积极"走进来"。各类出国留学人员超过80%完成学业后选择回国发展,同时参加来华留学质量认证的高校数量越来越多,来华留学生结构不断优化。③ 最后是我国更加主动地参与全球教育治理。中国积极参与联合国教科文组织、二十国集团、金砖国家、亚太经济合作组织(APEC)、上海合作组织、中国—东盟等多边机制框架下的教育合作。④

(二)建成教育强国依然任重道远

目前,我国教育事业取得巨大成就,为到2035年总体实现教育现代化奠定了坚实基础。但同时也要清醒认识到,中国教育创新发展的"窗口期"、矛盾冲突激化的"集中期"、教育由大到强的"转段期"会在接下来10年到15年的时间交汇重叠,在这期间可能会有百年难遇的机运,也肯定会有前所未有的困难,建成教育强国仍然任重道远。

1. 教育投入不足

生均教育经费投入相对偏少,部分国家大学生2018年生均教育经费(单位美元)如下表所示,短周期大学生相当于专科学生,长周期

---

① 董鲁皖龙:《中国教育国际影响力不断增强——党的十八大以来教育国际合作交流发展纪实》,《中国教育报》2022年9月23日。
② 李淑艳:《我国高校境外办学:特点、问题与推进策略》,《高校教育管理》2019年第1期。
③ 雷嘉:《教育部:超8成留学人员毕业后选择回国发展》,《北京青年报》2022年9月20日。
④ 刘宝存:《加快构建教育对外开放新格局》,《人民日报(海外版)》2022年12月19日。

大学生相当于本科学生。

表1 部分国家生均教育经费（美元）

国家	短周期大学生 2018年	短周期大学生 2021年	长周期大学生 2018年	长周期大学生 2021年
日本	14102	14571	20657	20517
韩国	6016	7304	12685	13572
加拿大	18669	18715	27983	24406
英国	29173	30043	29969	33573
法国	15706	20114	17940	20457
德国	12112	8446	19324	21962
意大利	5989	4633	12353	13716
西班牙	9903	11771	14828	15654
俄罗斯	4474	——	10599	——
澳大利亚	10304	11834	22806	24836
经济合作与发展组织	12617	13407	18373	20498

数据来源：经济合作与发展组织（横线代表数据缺失）

2023年，中国普通高校每位学生的年均教育经费达到10180.25元人民币，四年本科教育总支出为40721元，按年底汇率折合约5778.73美元。相比之下，这一水平明显低于经济合作与发展组织主要成员国及其平均水平。生均教育经费的不足，不仅阻碍了教育公平与质量的提升，还难以确保学生获得必要的学习条件和优质资源。在教育经费占GDP比例方面，2023年国家财政性教育经费占GDP总量比例为4%，虽与经济合作与发展组织的5.2%平均值存在差距，但已表现出显著增长，体现了我国近年来对教育投入的加大和对教育优先发展的重视。然而，与发达国家相比，我国仍有较大差距，实现教育强国的目标仍需不懈努力。

2. 教育资源分配不均

我国教育资源在城乡、地区之间存在着不均衡的分配。一方面，大城市和发达地区的学校拥有更多的教育资源，包括师资、教学设施、教学设备等，而农村地区和欠发达地区的学校则面临着师资短缺、教学条件落后等问题。例如，中西部高校是我国高等教育布局中不可或缺的一部分，肩负着为区域经济社会进步输送人才与智慧的重大职责。然而，与东部地区相比，中西部的高等教育仍面临发展不均衡的挑战。社会经济的不均衡发展和城乡二元结构的存在，持续影响着教育资源的分配，导致东西部以及城乡间的教育差距依旧显著。此外，民族地区及相对贫困区域的教育基础设施尚显薄弱，教育资源的配置与结构还需进一步调整优化，以构建一个更为公正、高效且高质量的一体化教育发展体系。

3. 高等教育高质量发展面临严峻挑战

据测算，2023年我国的教育强国指数居全球第23位，比2012年上升26位，是进步最快的国家。但是，与世界一流高等教育相比，我国高等教育还存在不少短板弱项，制约了高等教育的高质量发展。

一是教师队伍相对不足。根据有关调查，英美10所著名大学平均师职比为0.24∶1，师职比最高的是耶鲁大学0.39∶1，最低的是加州大学伯克利分校0.12∶1，密歇根大学有5万名学生，3500名教师以及2.5万名工作人员。[①] 根据《中国统计年鉴2024》，截至2023年12月，普通本科学校专任教师1345486人，在校生24229873人，师生比为0.0556。由此可见，我国高校职员队伍数量严重偏少。二是培养规模快速扩大一定程度上影响培养质量。2010年和2015年，世界各国（地区）毛入学率的平均值分别为29.3%和35.6%。[②] 相比之下，2010年我国高等教育毛入学率还低于世界平均水平2.8个百分点，2015年已超出世界平均水平4.4个百分点。截至2023年，我国高等教育毛入学率达到60.2%，按照

---

① 〔美〕詹姆斯·J.杜德斯达著，刘彤、屈书杰、刘向荣译：《21世纪的大学》，北京大学出版社2020年版，第2页。
② 〔美〕詹姆斯·J.杜德斯达著，刘彤、屈书杰、刘向荣译：《21世纪的大学》，北京大学出版社2020年版，第2页。

趋势外推法，目前世界高等教育毛入学率的平均值，要低于我国10多个百分点，因此，培养规模的迅速扩大会在一定程度上影响培养质量。三是学科建设水平离世界一流还有较大差距。根据软科世界大学学术排名（ARWU）最新发布的"2024软科世界一流学科排名"榜单，美国在全球各学科排名中继续占据显著领先地位，在29个学科中拔得头筹，共有300所高校上榜，总计达到4277次。尤其是哈佛大学在14个学科中独占鳌头。与此同时，中国内地有335所高校在不同学科中上榜，总计上榜次数为3278次，紧随美国之后，位居世界第二。然而，若以全球前100的学科作为评估高校优势学科的标准，中国与美国之间仍存在明显差距。具体而言，美国有300所高校进入各学科前50名，总计上榜4277次；而中国内地则有335所高校进入各学科前100名，总计上榜3278次。

4. 基础教育与教育强国的差距较大

一是基础教育仍需继续推动普及普惠发展。当前我国虽然实现了基础教育的基本普及，但底子薄，欠账多，发展不平衡不充分的矛盾依旧突出。主要体现在教育资源配置方面，特别是地域和城乡之间的教育资源配置不平衡，如经济发达的省份，由于物力和财力资源充足，基础教育在物力和财力方面的投入也相应较多，而经济落后的省份由于财力不足，在基础教育方面往往无法兼顾。而同一区域内，东、中、西部地区发展不平衡，县域内城、镇、乡之间不均衡，不同类型的学校之间也存在不均衡。

二是基础教育模式弱化了学生的创新品质。分科为主的教育模式已经不能满足复杂社会发展对人才培养的需求，不能满足综合化问题解决对人才创新能力的渴求。[1]传统的"灌输式"教学模式往往侧重于知识的单向传递，学生主要扮演着知识接收者的角色，缺乏主动思考

---

[1] 朱旭东：《教育强国建设中的基础教育：挑战、问题和路径选择》，《人民教育》2023年第20期。

和探索的机会，并且这一模式以课堂笔记和应试为主，培养的是学生的记忆力和口头表达能力，而非创新能力和实践能力。

三是基础教育的功利化倾向损害了教育的环境和生态。目前，一些地方政府在教育观念上存在局限性，未能树立全面的教育发展理念，也未充分形成服务于当地社会经济进步的教育导向，而是片面地将中考和高考成绩视为衡量教育成效及质量的主要标准。把满足人民群众"上好学"的政绩观，与考上重点高中、重点大学的人数划等号，与中考高考的"重点率""北清率"，甚至所谓"中考、高考状元"划等号。[1] 在这种功利主义思维引导下，基础教育就会架空学生的全面发展，将教育的育人过程导向异化为考试结果导向，催生了超负荷教育，引发了教育焦虑。[2]

（三）新时代教育强国的使命任务

在新的时代背景下，教育强国已经成为我国发展的关键战略之一。作为培养未来国家建设者和民族复兴的重要基础，教育承载着兴国之重任。当前，我国正处于社会经济转型升级的关键阶段，科技创新、文化传承、人才培养等方面的需求日益迫切，对教育的要求也愈发显著。因此，我们迫切需要深入理解和把握新时代教育强国使命任务，以更好地适应时代发展的需要，推动我国教育事业迈上新的台阶。

1. 以培养社会主义建设者和接班人为根本任务

培养什么人，是教育的首要问题。首先，立德树人是人才成长的根本规律。习近平总书记在北京大学师生座谈会上的讲话指出："人才培养一定是育人和育才相统一的过程，而育人是本。人无德不立，育人的根本在于立德。这是人才培养的辩证法。办学就要尊重这个规律，

---

[1] 张志勇：《以政绩观转型为牵引加快构建良好教育生态》，《中国政协》2024年第8期。
[2] 崔保师、邓友超、万作芳、李建民、黄晓磊、秦琳、翁秋怡、曹培杰、杜云英：《扭转教育功利化倾向》，《教育研究》2020年第8期。

否则就办不好学。"① 做人做事第一位的是崇德修身。成为优秀人才是追求学术成就与职业发展的基石。品德修养是构建人格大厦的根基。对于青年而言，缺乏高尚志向与优秀品性，即便知识积累丰富，也难以成长为杰出人才。

其次，立德树人是人民满意教育的根本要求。党的十九大报告指出："办好人民满意的教育……落实立德树人根本任务"；党的二十大报告专门从"实施科教兴国战略，强化现代化建设人才支撑"的高度，对"办好人民满意的教育"做出战略部署。② 这些充分体现了以人民为中心的发展思想，强调了立德树人不仅是人民对教育的基本期望，也是衡量教育满意度的核心标准，从而深入解答了教育应服务于谁的根本问题。

最后，立德树人是实施素质教育的根本目的。习近平总书记强调，"素质教育是教育的核心，教育要注重以人为本、因材施教，注重学用相长、知行合一"③。党的二十大报告着眼世界百年未有之大变局和中华民族伟大复兴战略全局，对新时代教育改革发展做出了系统部署，提出了一揽子教育改革发展的重点任务。其中，特别强调"发展素质教育"，指出"完善人才战略布局，坚持各方面人才一起抓，建设规模宏大、结构合理、素质优良的人才队伍"④。素质教育并非一个宽泛模糊的概念，它蕴含着深远的意义，直指学校教育的核心目标与使命——即为党和国家培养并提升受教育者的综合素养。在这一过程中，立德树人是其根本任务，旨在塑造出拥有理想、勇于担当、吃苦耐劳、乐于

---

① 《习近平在北京大学师生座谈会上的讲话》，《人民日报》2018年5月3日。
② 参见习近平：《高举中国特色社会主义伟大旗帜　为全面建设社会主义现代化国家而团结奋斗——在中国共产党第二十次全国代表大会上的报告》，人民出版社2022年版，第33—34页。
③ 《习近平关于社会主义社会建设论述摘编》，中央文献出版社2017年版，第57页。
④ 习近平：《高举中国特色社会主义伟大旗帜　为全面建设社会主义现代化国家而团结奋斗——在中国共产党第二十次全国代表大会上的报告》，人民出版社2022年版，第36页。

奋斗的新时代杰出青年。

2. 始终坚持中国特色社会主义教育发展道路

第一，要坚持中国特色社会主义办学方向。首先是把"四个服务"作为根本要求。2016年12月，在全国高校思想政治工作会议上，习近平总书记强调教育发展要坚持"为人民服务，为中国共产党治国理政服务，为巩固和发展中国特色社会主义制度服务，为改革开放和社会主义现代化建设服务"[1]的新要求。"四个服务"旨在平衡并推动教育在个人成长与社会进步中的双重作用，它彰显了我国教育的社会主义本质及发展方向，并深刻回应了新时代下如何构建符合中国特色的社会主义教育体系的时代课题，为新时代中国教育改革发展指明了正确的政治方向。其次是把坚持社会主义意识形态作为根本特征。"意识形态工作是党的一项极端重要的工作。"[2]坚持社会主义办学方向，核心在于强化社会主义意识形态的构建，以确保教育始终沿着社会主义道路前行，奠定坚实的思想根基。这就要求教育必须牢牢把握意识形态领域的领导权、主动权和话语权，坚持马克思主义指导地位不动摇，广泛开展各种马克思主义、爱国主义、主流文化教育，确保意识形态安全，保证社会主义办学方向。[3]最后是把教师队伍建设作为基础工作。今天的学生就是未来实现中华民族伟大复兴中国梦的主力军，广大教师就是打造这支中华民族"梦之队"的筑梦人。[4]因此，习近平总书记曾多次在重要场合强调教师队伍建设的重要性，"强教必先强师。要把加强教师队伍建设作为建设教育强国最重要的基础工作来抓，健全中国特色教师教育体系，大力培养造就一支师德高尚、业务精湛、结构

---

[1] 习近平：《把思想政治工作贯穿教育教学全过程　开创我国高等教育事业发展新局面》，《人民日报》2016年12月9日。

[2] 《习近平著作选读》第1卷，人民出版社2023年版，第147页。

[3] 朱庆葆：《坚持社会主义办学方向的理论意义、时代价值和实践路径》，《国家教育行政学院学报》2021年第11期。

[4] 习近平：《始终坚持社会主义办学方向》，《中国教育报》2019年2月14日。

合理、充满活力的高素质专业化教师队伍"①。这一重要论述深刻阐明了教师的重要使命和责任担当。

第二，坚持扎根中国大地办教育。一是需要坚持党的领导与遵循教育规律的统一。教育部门和各级学校党组织应将强化学校党建工作视为管理教育的基本能力，确保党的教育政策全面融入并指导学校各项工作的实施，坚持社会主义办学方向，增强"四个意识"、坚定"四个自信"、做到"两个维护"。二是需要坚持多方协同配合。习近平总书记曾指出："办好教育事业，家庭、学校、政府、社会都有责任。"②扎根中国大地办教育，需要一个多方协同配合形成教育合力的有机整体，使家庭、学校、政府、社会发挥各自的教育功能，让全社会都担负起青少年成长成才的责任。三是需要有机结合放眼世界与中国特色。习近平总书记在北京大学师生座谈会上指出："我们要认真吸收世界上先进的办学治学经验，更要遵循教育规律，扎根中国大地办大学。"③这也就是说，一方面，扎根中国大地办教育要始终坚持中国特色，就是要坚持以人民为中心的发展思想，把"中国特色"注入学校建设之"魂"。另一方面，扎根中国大地办教育又要放眼世界，坚持中西结合，这就要求学习借鉴世界上的先进教育模式，吸纳先进教育实践，并结合我国实际情况进行本土化改造，将其转化为有助于提高我国教育水平的生长点。

3. 必须以人民为中心、以造福人民为目标，办好人民满意的教育

2024年，在全国教育大会上，习近平总书记提出要坚持以人民为中心，不断提升教育公共服务的普惠性、可及性、便捷性，让教育改革发展成果更多更公平惠及全体人民。④这既彰显了共产党人为中国人

---

① 习近平：《扎实推动教育强国建设》，《求是》2023年第18期。
② 习近平：《培养德智体美劳全面发展的社会主义建设者和接班人》，《求是》2024年第17期。
③ 《习近平在北京大学师生座谈会上的讲话》，《人民日报》2018年5月3日。
④ 习近平：《紧紧围绕立德树人根本任务　朝着建成教育强国战略目标扎实迈进》，《人民日报》2024年9月11日。

民谋幸福、为中华民族谋复兴的初心和使命，又凸显出我国教育改革发展的基本遵循。

第一，要坚持教育的人民立场。习近平总书记强调："民心是最大的政治，正义是最强的力量。"①首先是更好回应人民对美好教育的期盼。"我们的人民热爱生活，期盼有更好的教育、更稳定的工作、更满意的收入、更可靠的社会保障、更高水平的医疗卫生服务、更舒适的居住条件、更优美的环境，期盼孩子们能成长得更好、工作得更好、生活得更好。"②习近平总书记的论述，充分彰显了中国共产党人民至上的价值理念，更是反映出中国特色社会主义教育的根本追求就是从全体人民的根本利益出发，满足人民对优质、公平教育的期盼。其次是解决人民关心的教育热点问题。我国社会主要矛盾已经转化为人民日益增长的美好生活需要和不平衡不充分的发展之间的矛盾。作为社会重要组成部分的教育也面临着发展不平衡不充分的现实问题，我国教育发展存在区域、城乡和校际的差距，还有很多短板要补齐。为此，必须从国家宏观层面加以调整、改善。

第二，要不断促进教育改革发展成果更多更公平惠及全体人民。"教育公平是社会公平的重要基础，要不断促进教育发展成果更多更公平惠及全体人民，以教育公平促进社会公平正义。"③让广大人民群众共享教育改革发展成果，是社会主义本质要求的体现。首要任务是优化教育资源配置，以缩小不同地区间的教育发展差异。针对欠发达地区，需将工作重心由基础教育的普及转向高质量教育的推动，注重实现义务教育的均衡且优质发展，特别要加强乡村及中西部地区中小学教师群体的学历提升与专业能力培养。政府从宏观调控层面缩小东西部发

---

① 《习近平关于全面从严治党论述摘编》，中央文献出版社2016年版，第190页。
② 《习近平谈治国理政》第1卷，外文出版社2018年版，第4页。
③ 习近平：《全面贯彻落实党的教育方针　努力把我国基础教育越办越好》，《人民日报》2016年9月10日。

展不平衡问题，适度发展职业教育和民办教育。其次是发展全民教育、终身教育，加快建设学习型社会。发展全民教育，在更高水平上保障学有所教。发展终身教育，搭建终身学习立交桥。习近平总书记强调，"把学习作为首要任务，作为一种责任、一种精神追求、一种生活方式，树立梦想从学习开始、事业靠本领成就的观念"[①]，新时代新形势对教育和学习提出了新的更高的要求，全体人民都需要不断学习、终身进步。

第三，要以教育公平促进社会公平正义。首先，教育公平是社会公平的重要基础。只有社会经济发展，夯实整个社会的物质基础，才可能在更高的水平上实现公平正义。而在当今的知识经济时代，社会经济发展水平越来越依赖教育。只有公平的教育才能不分阶层无差别面向全体人民，激发各类人才创新能力和潜力，有效提升劳动者素质，服务经济发展和社会进步。[②] 其次，办好基础教育是促进教育公平的重要内容。要树立正确的教育政绩观，解决基础教育发展价值观问题，摒弃功利化、短视化的价值取向，学校教育必须守住三条底线：心理健康、身体健康、人格健全。通过对教育理念、教学内容、教学方法和评价方式等多个方面的改革，更好地培养学生的综合素质，为学生的未来发展奠定坚实基础。要加快教育数字化变革，技术赋能基础教育高质量发展。通过数字赋能，使得政府、学校、家庭和社区之间可以共享资源、共同决策、共同行动。最后，优化配置、加大投入是推进教育公平的有力保障。把教育资源"蛋糕"做大，也要把教育资源"蛋糕"分好，要充分发挥宏观调控的作用，利用好制度优势、布局各类教育资源，坚持公共教育资源配置优先向薄弱地区、薄弱学校、薄弱环节和困难人群倾斜，全面推动区域、城乡协调发展。

---

① 习近平：《在实现中国梦的生动实践中放飞青春梦想　在为人民利益的不懈奋斗中书写人生华章》，《人民日报》2013年5月5日。
② 曹胜利、何雨点：《以教育公平促进社会公平正义》，《中国高等教育》2019年第3期。

三、以教育强国建设支撑引领中国式现代化

习近平总书记在2024年全国教育大会上指出:"建成教育强国是近代以来中华民族梦寐以求的美好愿望,是实现以中国式现代化全面推进强国建设、民族复兴伟业的先导任务、坚实基础、战略支撑,必须朝着既定目标扎实迈进。"[①] 教育是国家发展的基石,是民族振兴的关键。只有通过加强教育事业发展,提高国民素质和教育水平,才能为国家的现代化建设提供坚实的人才保障和智力支持。

(一)培养时代新人为中国式现代化塑造主体力量

以中国式现代化全面推进中华民族伟大复兴,离不开教育强国的有力支撑。中国式现代化的基本特征,决定了必须始终立足基本国情,坚持教育服务高质量发展这个硬道理,充分发挥教育独特的战略使命,为中国式现代化塑造主体力量、提供智力支持和价值引领,以中国特色的高质量教育体系支撑中国式现代化。面对这一时代重任,习近平总书记在党的十九大首次提出"培养担当民族复兴大任的时代新人"的战略任务,并在党的二十大报告中重申这一战略任务,深刻阐述了新时代培育新人的现实诉求和价值意义。

1. 立足"两个大局"历史情势,培育担当民族复兴大任的时代新人

"培养什么人,是教育的首要问题"[②]。我国是中国共产党领导的社会主义国家,这就决定了我们的教育必须把培养社会主义建设者和接班人作为根本任务,培养一代又一代拥护中国共产党领导和我国社会

---

① 习近平:《紧紧围绕立德树人根本任务 朝着建成教育强国战略目标扎实迈进》,《人民日报》2024年9月11日。

② 《习近平著作选读》第2卷,人民出版社2023年版,第195页。

主义制度、立志为中国特色社会主义奋斗终身的有用人才。党的十八大以来，习近平总书记着眼强国建设、民族复兴伟业后继有人，从党和国家事业发展全局的高度，深刻阐释"培养什么人、怎样培养人、为谁培养人"这一教育的根本问题和教育强国建设的核心课题，提出要培养担当民族复兴大任的时代新人、培养德智体美劳全面发展的社会主义建设者和接班人，为教育系统落实立德树人根本任务指明前进方向、提供根本遵循。

从国际形势看。当前，国际形势日益复杂多变，意识形态领域面临的形势和斗争更加复杂。如何将思想政治工作体系贯通人才培养体系，推动思想政治教育与知识体系教育有机统一，加强学生思想政治引领，使之成为理想信念坚定、视野格局开阔、能担当现代化建设重任、坚定不移听党话跟党走的时代新人，是摆在我们面前的重大课题。在当代历史背景下，新一代的青年承载着推进中华民族伟大复兴这一宏伟目标的责任。为了确保国家与党的事业得到持续和稳定的发展，新时代人才的培养应以承担民族复兴使命为核心，确保责任与使命得以代际相传。

从国家战略利益和战略目标的变化看。国家的战略利益、战略目标决定了教育发展的优先导向。新时代新征程党的中心任务是以中国式现代化全面推进强国建设、民族复兴伟业，对时代新人的基本素质和精神状态等提出了全新要求，迫切需要以更为宏阔的视野和更为主动的担当，谋深谋实如何进一步加强和改进学校教育工作，进一步健全德智体美劳全面培养体系，进一步提升教师教书育人能力，更好地把青少年学生凝聚和团结在党的旗帜下，以更强的能力本领积极投身并担当好中国式现代化建设事业。

从受教育者特征来看。随着经济发展、科技进步、信息获取超前等外部环境的变化，身处网络时代的当代青少年拥有更为充足的平视世界的底气，更注重个性化和多元化的精神体验。如何系统把握网络时代青少年学生的思想行为特点与变化规律，加强对他们网络安全意识、网络素养、网络行为等的教育和引导；如何在关注他们知识增长的同时更细致地关心关爱他们的身心健康、精神世界，并引导他们认识和担负起对国家、对民族的使命，这些都对学校教育提出了新的更高要求。

2. 强化社会主义核心价值观的引领，培育具有共同价值追求的时代新人

培育时代新人，不论对个体还是社会和国家而言都具有深远而重大的意义，具体而言，培养新时代人才是实现个人全面发展的关键措施，是顺应时代发展的必然选择，也是推动中国式现代化的重要保障。

从个体层面来看，一方面，时代新人的培育应该促进个体在确立远大志向、明晰道德观念、提升专业素养以及积极承担社会责任等方面实现全面发展。习近平总书记在清华大学考察时强调："广大青年要肩负历史使命，坚定前进信心，立大志、明大德、成大才、担大任，努力成为堪当民族复兴重任的时代新人。"[①] 青年作为培育对象，承载着推动社会进步和实现国家发展目标的重要使命。广大青年应当明确个人发展的方向，积极践行社会主义核心价值观，并通过不断学习和实践提升自身的专业技能和综合素养。另一方面，时代新人的培育注重个体的全面发展。党的十八大以来，习近平总书记多次强调"着眼于培养德智体美劳全面发展的社会主义建设者和接班人"[②]。时代新人的培养与青年的综合素质提升在实践上有着极大的契合度，青年个体的全面发展应融入时代新人培育的框架之中，时代新人的培育要以促进个

---

① 习近平：《坚持中国特色世界一流大学建设目标方向　为服务国家富强民族复兴人民幸福贡献力量》，《人民日报》2021年4月20日。
② 习近平：《紧紧围绕立德树人根本任务　朝着建成教育强国战略目标扎实迈进》，《人民日报》2024年9月11日。

体自由而全面的发展为核心目标。①时代新人的培育注重个体德智体美劳多方面培养，这不仅是对新时代全面促进人的发展的积极贡献，也能推动青年价值观、理想信念以及知识和技能等多方面素质能力的提升。这一培育过程为青年提供了将认知与创造、奉献与实践精神相结合的基本条件。

对于党和国家事业发展而言，时代新人是建设中国特色社会主义伟大事业的关键主体。习近平总书记对青年寄予殷切期望，强调"爱国，不能停留在口号上，而是要把自己的理想同祖国的前途、把自己的人生同民族的命运紧密联系在一起，扎根人民，奉献国家"②。通过培育时代新人，可以培养出一批批积极参与中国特色社会主义伟大实践的有志青年，他们在各自的领域中发挥着重要作用，为推动中国式现代化道路的发展提供了有力支撑。这不仅是实现中华民族伟大复兴中国梦的关键举措，也是确保中华民族复兴和人民幸福的重要途径。这不仅要求时代新人展现出强烈的时代责任感和主动担当的精神，还要求他们具备务实的实干精神。培育时代新人是为国家建设储备人才力量的战略计划，是中国共产党实现"两个一百年"奋斗目标的主体工程。③培育时代新人是实现为党育人、为国育才目标的重要途径，它强调要对新时代青年的创新意识进行培养。这一过程不仅着眼于提升青年人才的核心竞争力，还强调脚踏实地，求真学问、真才能，切实发挥时代新人的价值力量。

3. 坚持世界历史眼光，培育胸怀天下和具有大国担当精神的时代新人

中华民族伟大复兴是在全球历史进程中稳步推进的，人类命运共同体的构建需要时代新人的积极参与。承担起认识世界和改造世界的

---

① 周春林：《美好生活目标下时代新人培育探论》，《中学政治教学参考》2021年第15期。
② 《习近平在北京大学师生座谈会上的讲话》，《人民日报》2018年5月3日。
③ 参见冯淑萍：《时代新人的基本特质及其培养的着力点》，《思想教育研究》2019年第3期。

历史重任，体现了时代新人的国际视野、理论自觉与思想追求。因此，教育和培养时代新人要坚持世界历史的眼光，顺应时代发展的趋势，以构建人类命运共同体为引领，扎根中国大地，不断吸收和学习人类社会创造的优秀文明成果。这是时代新人自觉承担起推动人类社会进步和发展历史使命的内在要求。

时代新人是具备深厚家国情怀的坚定爱国者。爱国主义是我们民族精神的核心，对于每一位中国人而言，爱国既是天职，也是自然的情感表达，更是一种不可推卸的责任。一方面需要引导他们从全球历史发展的角度深入思考中国和世界未来的发展规律和趋势，理解中国与世界日益紧密的融合和相互依赖关系，建立正确的时代观、历史观和世界观，为世界的发展提供清晰的认识和解决方案。另一方面要培育时代新人正确认识和吸收不同国家和民族的优秀文明成果的能力，从中吸取有益的经验和智慧，将有益之处为己所用。

时代新人是具有历史视野和国际视野的中国力量。时代新人不仅承载着时代发展所赋予和要求的新特性，也继承了历史发展中淬炼出的品质。他们对家国情怀的深厚情感，体现了对以爱国主义为核心的民族精神的继承与弘扬。因此，时代新人应拥有广阔的历史视野，从中华民族的历史、中国共产党的历史、新中国的历史以及改革开放的历史中汲取精神力量，传承红色基因。同时，时代新人不仅要深植于中国大地，怀有家国情怀，还要顺应全球发展的大趋势，具备国际化的视野和全球意识，关注人类共同的问题和挑战。这样的时代新人才能够在全球化的背景下，为推动中国的发展和世界的进步作出积极贡献。

（二）推进知识创造为中国式现代化提供智力支持

思想是行动的先导，理论是行动的指南。"人类社会每一次重大跃进，人类文明每一次重大发展，都离不开哲学社会科学的知识变革和思想先导。"① 中国式现代化既不是其他国家社会主义实践的再版，也不是国外现代化发展的翻版，创造了人类文明新形态，需要成熟的、系统的、与时俱进的知识创造和理论创新为其提供智力支持。而教育涵盖了从知识策源到实践应用的全过程，能够回应中国式现代化对知识、理论、人才、科技的要求，在现代化的伟大实践中大有可为。

1. 教育推动理论创新为现代化建设提供理论指导

教育推动构建自主知识体系，为现代化建设提供学理支撑。我国教育已经建立起门类齐全的哲学社会科学学科体系，涵盖传统学科和新兴学科、热门学科和冷门学科、前沿学科和交叉学科，囊括政治、经济、文化、社会、党建、历史等专业，是推动马克思主义中国化、推动中华优秀传统文化创造性转化创新性发展的重要阵地，为中国式现代化提供与时俱进的科学理论。

教育推动建设中国特色新型智库，为现代化建言献策。一方面，高校智库是教育现代化的重要组成部分，是构建中国特色哲学社会科学的关键一招，是中国式现代化伟大实践的有力智力支撑；另一方面，高校智库是大学教育功能的现代表达与路径拓展，其基础理论与应用对策研究成为体现多元化功能、服务于国家和社会的一种现代形式②，能够为现代化发挥战略研究、咨政建言、人才培养、舆论引导、公共外交等方面的强大功能。

教育推动扎根中国大地的实践研究，回答现代化的"中国之问"。中国式现代化具有鲜明的中国风格、中国特色，需要立足中国实际回答现代化的"中国之问"。习近平总书记指出，"从国情出发，从中国实践

---

① 陈雨露：《加快构建中国特色哲学社会科学》，《求是》2024年第3期。
② 宣丹平、周星灿：《为中国式现代化建设贡献高校智库力量》，《中国社会科学报》2023年2月2日。

中来、到中国实践中去，把论文写在祖国大地上"①。这既是对广大学子和教育工作者的殷殷期盼，也是许多学者奋斗在基层中、涉足田野上的真实写照。瞄准现代化进程中呼唤的理论创新，产出中国化时代化的最新理论成果，建设中国气派的现代化理论体系，总结好中国式现代化的可靠经验，描绘了中国式现代化的光明图景。

2. 教育促进知识生产转化为现代化建设的现实生产力

教育培育创新精神为生产力发展增添活力。教育、科技、人才是全面建设社会主义现代化国家的基础性、战略性支撑。②教育在塑造高素质劳动力和专业人才、激发创新潜能、贡献知识力量与技术革新，以及凝聚民族向心力方面均具有不可或缺的价值。创新是经济社会进步的强大驱动力，也是应对全球挑战的关键力量。因此，在实现现代化的进程中，要继续充分发挥教育培育创新精神的作用，坚持理论创新、科技创新、制度创新，以此推动我国向创新型国家迈进，为实现中华民族伟大复兴贡献更多力量。

教育加速科研成果向先进生产力转化。教育是推动基础研究的核心力量，特别是在高等教育层面，它扮演着孕育重大原始创新、培育人才的关键角色。通过高等教育，可以加速原创性及颠覆性科技创新的步伐，促进这些创新成果的有效转化与应用，进而快速推动科研成果向先进生产力的飞跃。据国家知识产权局发布的数据，截至2023年底，我国高校有效发明专利拥有量达79.4万件，科研机构有效发明专利拥有量达22.9万件，合计占国内有效发明专利拥有量的1/4，2022年，全国高校科研院所向中小企业转让、许可专利达2.9万次，比2020年增长60.2%。③可见，随着新一轮科技革命和产业变革的深入发展，高校

---

① 《习近平著作选读》第2卷，人民出版社2023年版，第334页。
② 习近平：《高举中国特色社会主义伟大旗帜　为全面建设社会主义现代化国家而团结奋斗——在中国共产党第二十次全国代表大会上的报告》，人民出版社2022年版，第33页。
③ 魏庆平：《推动高校科技成果向新质生产力转化》，《中国教育报》2024年5月20日。

成为科研成果转化的重要平台，在推动科技成果转化为新质生产力方面呈现加速发展趋势。

教育通过理念再更新推动生产力提升。在人工智能时代，教育正经历一场深刻的变革，其关键在于理念的更新与升级，从而推动生产力的进步。相较于传统的分科化、文本固化的知识观，新知识观强调综合性、动态性，它凝聚了全人类的智慧，并展现出强大的进化能力。在这一背景下，教育面临着信息超载和知识碎片化的挑战，因此，应更侧重于增强学生的认知与实践技能，包括提出疑问、鉴别信息真伪、创造新知识以及有效参与知识构建过程的能力。而当知识作为"参数"帮助人们建立数量级的大脑神经连接时，创新理念和创新知识就涌现出来，进而扩展对劳动对象、劳动材料的新认知，从而促进科技创新，加快推动新质生产力的形成。① 如人机双向赋智、相互协作的新教学模式，使学生能够打破传统路径依赖，不断更新知识结构，形成创新思维，从而促进新质生产力的优化升级。

3. 教育助推学科融合创新，回应中国式现代化发展要求

我国教育坚持扎根中国实践，以学科交叉融合为创新驱动力和"催化剂"，通过跨学科知识聚变的方式推动教育改革，以适应中国式现代化建设对跨学科、多领域、深层次的新知识体系的需求。在新时代伟大实践中，我国教育紧密围绕国家所需、社会所盼、行业所惑的实际问题，瞄准科技前沿和关键领域，推进新工科、新医科、新农科、新文科建设，培养了一批快速适应、实力强劲、潜力持久、具有人文精神的复合型人才，更好地适应了现代化产业体系的融合化特征，也能够更好地为高质量发展和现代化建设服务。

教育推动学科交叉向内打通文史哲艺，为现代化建设涵育文化灵魂。中华文化向来弘扬修身齐家治国平天下的远大抱负，将个人价值

---

① 姜朝晖、金紫薇：《教育赋能新质生产力：理论逻辑与实践路径》，《重庆高教研究》2024年第1期。

与社会准则、世界认知相结合，这是新时代青年应对世界百年未有之大变局的坚实基础。加快构建中国特色哲学社会科学，塑造中国式现代化的文化形态，归根结底在于构建中国自主知识体系。这一体系是系统性、专业性、原创性、时代性、继承性和民族性的统一，也是中华优秀传统文化所蕴含的哲学思想、人文精神和道德理念的融合，更是中国式现代化伟大实践过程中永恒的安身立命之所。

教育推动学科交叉向外融合自然科学，为现代化建设吸纳理性方法。自然科学追寻客观世界的规律，是研究自然界的物质形态、结构、性质和运动的科学。科技现代化是中国式现代化的支撑和引领，而自然科学是科技现代化的基石。通过对自然现象和规律的深入研究，自然科学为科技发展提供了理论基础和实验方法。自然科学探求客观世界的规律，人文学科阐释科学规律的价值并框定伦理底线，推动二者紧密结合能够为中国式现代化提供科学依据和有效方法，为攻克"卡脖子"技术提供坚实的理论支撑，激发战略性新兴产业对现代化产业体系构建和经济社会发展的带动作用，使我国在迈向自信自立自强现代化的征途中不受制于人。

（三）凝聚思想共识为中国式现代化提供价值引领

面对当前严峻复杂的意识形态斗争形势，必须加强共同理想信念教育、社会主义核心价值观教育、现代化建设成就教育，做好凝聚思想共识工作，为中国式现代化发展铸牢价值基石、引领价值航向、彰显价值旨归，将全民族人民思想共识握指成拳、合力致远，使中国式现代化在正确的思想指引下行稳致远、不断深入，进而推动中华民族伟大复兴中国梦的实现。

1. 加强共同理想信念教育，铸牢中华民族走中国式现代化的价值基石

"一个国家，一个民族，要同心同德迈向前进，必须有共同的理想信念作支撑。"① 回望我国现代化建设波澜壮阔的历史进程，在复杂多变的国际国内形势下，坚持共同的理想信念，是中国式现代化发展道路上的显著优势所在，是前进的根本动力所在。不断加强共同理想信念教育，能够巩固全党全国各族人民团结奋斗的共同思想基础，凝聚全民族坚定走中国式现代化发展道路的强大精神力量，因此需要普遍化、长期化和连续化贯通。

将马克思主义理论学习作为共同理想信念教育的基础工程。"坚定的理想信念，必须建立在对马克思主义的深刻理解之上，建立在对历史规律的深刻把握之上。"② 马克思主义不仅创造性地揭示了人类社会发展的一般规律，还科学地揭示了社会主义和共产主义的历史必然性。新时代，在全面开启社会主义现代化建设新征程的基础上，我们还必须进一步加强马克思主义理论学习，不断深化广大现代化建设者和接班人对马克思主义理论的信仰，从马克思主义理论中汲取中国式现代化道路前行的智慧和力量。

将共同理想信念教育贯穿个人成长全过程。坚定的理想信念不是短时间、喊口号就能形成的，而是要经历一个持续深化的时间过程。根据个体在童年、少年、青年、中年、老年等不同人生阶段的身心特点、认知能力、精神需求等构建各阶段教育要素一体化协同机制，从一开始就树立起以中国式现代化全面推进中华民族伟大复兴的价值根基。

将共同理想信念教育内容时代化。这是紧跟时代发展要求的需要。共同理想信念教育不是一成不变的，而是一个动态的发展过程，必须体现时代发展要求，努力形成适应中国式现代化新发展阶段要求的精神境界，在中国式现代化建设中切实做到学思用贯通、知信行统一。

---

① 习近平：《论党的宣传思想工作》，中央文献出版社2020年版，第132页。
② 《十八大以来重要文献选编》（下），中央文献出版社2018年版，第348页。

2. 加强社会主义核心价值观教育，引领中国式现代化发展的价值航向

社会主义核心价值观是在中国特色社会主义实践中产生的重大理论创新，并为中国社会的进一步发展设定了价值目标，提供了价值方法。[①] 社会主义核心价值观教育，关系到每个公民的价值取向、关系到实现中国式现代化发展的价值方向、关系到民族命运和国家前途，是一个系统工程，需要多角度、多层面、多渠道地全面系统推进，需要从理论、实践等多个维度综合施策。

加强社会主义核心价值观教育的宣传引导。在教育的各个层面，把社会主义核心价值观融入课程设置、教学内容等各个方面；充分利用电视、互联网等各类媒体平台，通过多种渠道，广泛宣传社会主义核心价值观，使其成为公众广泛认知和接受的理念。只有这样不断加强社会各阶层的社会主义核心价值观信仰，中国式现代化道路发展才有源源不断的可靠后备力量，中国式现代化道路才能在正确的道路上行稳致远。

加强社会主义核心价值观教育的实践养成。"一种价值观要真正发挥作用，必须融入社会生活，让人们在实践中感知它、领悟它。"[②] 采取形式多样、内容丰富的社会主义核心价值观主题活动，能够让全社会人民在日常生活中直观认知理论内涵、感悟思想力量。理论来源于实践又对实践具有指导作用，在实践中形成一套与中国特色社会主义经济、政治制度相适应的核心价值观，有效整合社会意识，把全社会意志和力量凝聚起来，又反过来对中国式现代化发展具有价值指导作用，指导人们在中国式现代化建设中正确处理主旋律与多样化的关系、努力寻求思想意识最大公约数。

[①] 孙伟平、贺敏：《培育社会主义核心价值观 铸牢共同思想基础》，《人民教育》2023年第23期。

[②] 《习近平谈治国理政》第1卷，外文出版社2018年版，第165页。

加强社会主义核心价值观教育培育时代新人的历史任务。若要坚定走独立自主的现代化发展道路，坚定中国式现代化发展道路的价值取向而不受西化思潮影响，就要高度重视学校教育的重要作用。学校教育要深入探索把握时代新人的标准和要求，把"培育社会主义核心价值观"同"培养担当民族复兴大任的时代新人"更加紧密地结合起来，将社会主义核心价值观的要求贯穿教育教学全过程，培育一批又一批凝聚中国式现代化发展道路思想共识的建设者与接班人。

3. 加强现代化建设成就教育，彰显推进中国式现代化建设的价值旨归

中国式现代化建设取得了举世瞩目的伟大成就，极大地改变了中国的面貌。加强我国现代化建设成就教育，让广大人民群众切实感受到中国式现代化发展卓有成效，使人民的获得感、幸福感、安全感更加充实、更有保障、更可持续，凝聚起全体人民朝着中国式现代化这个价值旨归接续奋斗的拼搏力量。

加强我国人民民主建设成就宣传教育。党的十八大以来，我们经历了迎来中国共产党成立一百周年，中国特色社会主义进入新时代，完成脱贫攻坚、全面建成小康社会历史任务三件大事，铸就了可歌可泣的时代丰碑。这样"靓丽的成绩单"，绝对不是经济增长、市场机制自发而为的结果，而是党和政府始终坚持人民至上理念的成就。加强对这种人民民主建设成就的宣传引导，凸显人民是中国式现代化建设的出发点和落脚点，强化只有中国式现代化才是人民民主得到充分保障的现代化的思想共识，让全体人民以更具积极性、主动性、创造性的蓬勃精神推进中国式现代化。

加强近代以来中西方现代化发展成果对比教育。在资本运行思想逻辑下，近代西方国家出现财富分配失衡和社会两极分化严重的现象，引发严重的民粹主义危机和逆全球化浪潮。而中国式现代化摒弃并超越了资本主导逻辑，致力于实现全体人民的共同富裕。党的十八大以来，在以习近平同志为核心的党中央带领下，全国832个贫困县全部摘帽，近1亿农村贫困人口成功脱贫，取得了消灭绝对贫困等一系列伟大成就。这种对比教育，能够显示出中国式现代化是不断满足人们对美好生活向往的现代化、是符合绝大多数人利益的现代化，从而凝聚只有继续走中国式现代化道路才能赢得更加美好未来的思想共识，不断坚定全国各族人民走中国式现代化道路的决心自信。

加强中国式现代化创造人类文明新形态的成就教育。我国倡导构建人类命运共同体，对"世界向何处去、人类怎么办"的世界之问交出中国答卷；提出共建"一带一路"倡议，打造开放包容的国际合作平台；在和平共处五项原则基础上同世界各国发展友好合作关系；为推动实现更加强劲、绿色、健康的全球发展提供新思路、新支撑。通过中国式现代化不断为世界治理提供中国智慧、中国方案的成就教育，让全体人民充分认识到中国式现代化凝聚全体人民思想共识、推动中国的现代化建设所取得的伟大成就，从而增强对中国式现代化的认同感，做更加自觉的中国式现代化奋斗者和拥护者。

第二章

坚持党对教育事业的全面领导

习近平总书记在2018年9月召开的全国教育大会上强调，我国在教育改革发展实践中形成了一系列新理念新思想新观点，主要体现在"九个坚持"①，这是对我国教育事业规律性认识的深化，其中位列第一的是"坚持党对教育事业的全面领导"。讲话鲜明指出了党的领导对做好教育工作的极端重要性，围绕加强党对教育工作的全面领导提出了明确要求，为新时代我国教育事业改革创新指明了前进方向、提供了根本遵循。2024年9月召开的全国教育大会上，习近平总书记对新时代教育事业取得的历史性成就和发生的格局性变化进行了全面总结，并指出其根本就在于我们坚持把教育作为国之大计、党之大计，进一步要求加强党对教育工作的全面领导，不断推进教育体制机制改革。推进教育强国建设，必须深刻领会坚持党对教育事业全面领导的重大意义、内涵要求与基本路径，为教育现代化、办好人民满意的教育提供根本保证。

一、坚持党对教育事业的全面领导是办好教育的根本保证

坚持党对教育事业的全面领导，是中国特色社会主义教育的本质特征，是中国式现代化教育的阶级性、政治性的集中体现，是确保教育事业正确发展方向的根本问题。因此，必须牢牢掌握党对教育工作的领导权，使教育领域成为坚持党的领导的坚强阵地。同时，历史实

---

① "九个坚持"：指坚持党对教育事业的全面领导，坚持把立德树人作为根本任务，坚持优先发展教育事业，坚持社会主义办学方向，坚持扎根中国大地办教育，坚持以人民为中心发展教育，坚持深化教育改革创新，坚持把服务中华民族伟大复兴作为教育的重要使命，坚持把教师队伍建设作为基础工作。

践也充分证明，只有坚持党对教育事业的全面领导，充分发挥党组织总揽全局、协调各方、把握方向、凝心聚力的重要作用，中国特色社会主义教育事业才能兴旺发达、蓬勃发展。坚持党对教育事业的全面领导，是中国特色社会主义教育制度的最大优势，是办好教育的根本保证。

（一）坚持社会主义办学方向的根本保证

办学方向决定学校建设成败和国家教育事业整体发展水平。我们的国家是中国共产党领导的社会主义国家，我们办的是社会主义教育，必须坚持马克思主义指导地位，全面贯彻党的教育方针，坚持社会主义办学方向。坚持党对教育事业的全面领导，就是要解决中国特色社会主义教育的办学方向问题，就是要回答好"培养什么人、怎样培养人、为谁培养人"这个教育的根本问题。

1. 党的领导决定了"培养什么人"这一教育的首要性问题

"培养什么人"是教育的直接目标，是事关教育发展的首要性问题，决定着教育工作的根本任务和目标方向。它是对"为谁培养人"战略方向的细化凝练，也为"如何培养人"提供了重要指南。[1] 可以说，"培养什么人"的问题始终是一个国家所有教育实践活动的前提和基本问题，也是党在不同历史时期的教育方针中首先需要明确的问题。教育的目的是培养人，但不同时代不同社会对培养什么人的标准却千差万别。教育具有阶级性，一定的教育反映出一定阶级的发展需要，每个国家都是按照自己的政治要求来培养人的。对于这一问题，习近平总书记明确指出："我国是中国共产党领导的社会主义国家，这就决定了我们的教育必须把培养社会主义建设者和接班人作为根本任务，培养一代又一代拥护中国共产党领导和我国社会主义制度、立志为中国

---

[1] 陈华栋：《"为谁培养人"：中国共产党的百年传承与新时代创新》，《马克思主义研究》2022年第8期。

特色社会主义奋斗终身的有用人才。"① 这为我国教育事业明确了发展方向和方针原则，是开展教育工作的根本遵循。培养什么样的人，事关一国前途命运，在这个大是大非的根本性问题上，我们决不能含糊不清。我们的教育绝不能培养社会主义破坏者和掘墓人，绝不能培养出一些"长着中国脸，不是中国心，没有中国情，缺少中国味"的人！那将是教育的失败。教育的失败是一种根本性失败。我们决不能犯这种历史性错误！只有坚持党对教育事业的全面领导这一"定海神针"，才能确保方向的正确和目标任务的实现。

2. 党的领导回答了"如何培养人"这一教育的基础性问题

"如何培养人"是所有教育的具体路径，是教育的基础性问题。"为谁培养人"和"培养什么人"的目标方向，最终还是要落到"如何培养人"这个实践问题上。党的十八大以来，我们党把立德树人作为教育的根本任务，强调"立德"是教育的首要任务，是人的全面发展的基础，体现了对教育基本规律的深刻认识。习近平总书记指出："人才培养一定是育人和育才相统一的过程，而育人是本。人无德不立，育人的根本在于立德。这是人才培养的辩证法。办学就要尊重这个规律，否则就办不好学。"② 只有坚持党对教育事业的全面领导，才能更好地把握和运用好这个辩证法，落实好立德树人的根本任务。2018年9月召开的全国教育大会上提出的"六个下功夫"，为我国未来人才培养指明了方向，明确回答了"如何培养人"这一基本问题，即培养人就是要在坚定理想信念、厚植爱国主义情怀、加强品德修养、增长知识见识、培养奋斗精神、增强综合素质六个方面下功夫。坚持党对教育事业的全面领导直接关系到立德树人根本任务的实现，关系到培养的人才是否合格，关系到我们所培养的社会主义建设者和接班人的基本素质和精神状态，是教育发展的必然要求。

---

① 《习近平著作选读》第2卷，人民出版社2023年版，第195页。
② 《习近平在北京大学师生座谈会上的讲话》，《人民日报》2018年5月3日。

3. 党的领导确保了"为谁培养人"这一教育的方向性问题

"为谁培养人"是教育的战略方向，是教育的方向性问题。它位于"培养什么人""怎样培养人"问题的上游，限定"培养什么人"，影响"怎样培养人"。[①] 阶级性是教育的本质属性，"为谁培养人"是区分中国特色社会主义教育与其他教育的本质特征之一。对于"为谁培养人"的问题，2020年习近平总书记在给第36个教师节的贺词中提出，希望广大教师"不忘立德树人初心，牢记为党育人、为国育才使命"[②]。"为党育人""为国育才"是我们党对"为谁培养人"这个方向性问题的郑重回答，是我们党的初心使命在教育领域的体现。中国共产党是领导我国各项事业的核心力量，党的建设和国家的发展都离不开人才的支持。教育作为培养人才的摇篮，必须紧密围绕党的领导和党的建设的需求来展开，培养具备坚定理想信念、高尚道德情操和扎实知识技能的优秀人才，为党的事业提供源源不断的人才保障。随着全球化的深入发展和我国经济的转型升级，国家对人才的需求越来越多样化、高层次化。教育作为培养人才的主渠道，必须紧跟时代步伐，适应国家发展的需要，培养具备创新精神和实践能力的高素质人才，为国家的现代化建设提供有力的人才支撑。只有坚持党的全面领导，才能坚持社会主义办学方向，做到"四个服务"[③]的根本要求，确保教育为党育人、为国育才，为民族复兴伟业提供强大支撑。

（二）坚持教育为人民服务的根本前提

中国共产党的根本宗旨就是全心全意为人民服务，党的性质和宗旨

---

① 石中英：《"培养什么人"问题的70年探索》，《中国教育学刊》2019年第1期。
② 习近平：《不忘立德树人初心 牢记为党育人为国育才使命 不断作出新的更大贡献》，《人民日报》2020年9月10日。
③ "四个服务"：教育为人民服务，为中国共产党治国理政服务，为巩固和发展中国特色社会主义制度服务，为改革开放和社会主义现代化建设服务。

决定了我国教育事业也要始终遵循全心全意为人民服务的根本立场。坚持教育为人民服务，是坚持党的宗旨的生动体现，也是党执政为民的内在要求。在立场定位上，我国教育事业始终围绕为人民服务的问题，强调教育要以人民为中心，把人民满意不满意作为评价教育成功与否的根本标准。2018年9月召开的全国教育大会上提出的"九个坚持"中，第六条就是"坚持以人民为中心发展教育"。只有坚持党的领导，才能坚持教育的人民立场，坚持教育为了人民、依靠人民、教育发展成果由人民共享。

1. 教育为人民服务是中国共产党人的价值目标

坚持教育为人民服务，实现人的全面发展，是中国共产党建立和发展教育事业的价值取向和目标。中国共产党是中国工人阶级的先锋队，同时是中国人民和中华民族的先锋队，坚持全心全意为人民服务、坚持人民利益至上，是我们党的性质决定的。教育为人民服务，以满足人民群众受教育的需求出发发展教育事业，通过满足人民大众受教育需求来解放和发展社会生产力，实现人的发展与经济社会发展的有机统一，最终实现最广大人民群众的根本利益，是我们党发展教育事业的根本出发点和立足点。[①] 坚持教育为人民服务，彰显了党的初心使命。人民对美好生活的向往，就是中国共产党的奋斗目标。美好生活的维度是多方面的，教育是其中的基础和前提。教育既是国家大事，也是民生大事，支撑着亿万家庭对美好生活的期待。发展教育，就是要解决为什么人、由谁享有教育的根本问题。只有在党的领导下，才能真正坚持以人民为中心的教育发展，满足人民对更好、更完善的教育的期待，增强人民对教育的获得感和满意度，使教育发展成果更加公平惠及全体人民，为所有人全面而自由的发展奠定坚实基础。

2. 教育为人民服务是中国特色社会主义教育的根本立场

人民性是社会主义教育的本质属性，是中国特色社会主义教育的

---

① 李立国：《教育必须为人民服务》，《中国高等教育》2019年第Z3期。

出发点和落脚点。坚持以人民为中心发展教育，是中国特色社会主义教育的根本立场，也是我国教育事业改革发展的价值基础和行动方向。社会主义制度的建立，让广大劳动人民成为国家主人，广大人民群众的利益因而能切实得到保证和实现，受教育权作为人民的基本权利也得到了保障。社会主义教育制度的本质决定着教育事业的人民性，决定着教育为人民服务的基本方向。进入改革开放新时期，我们党提出了教育优先发展战略，通过教育优先发展来促进和实现教育的人民性，从而最大限度地满足人民群众接受教育的需要。在新时代，人们的教育需求呈现出多样化、个性化和动态性的特点。发展以人民为中心的教育，办好人民满意的教育，既要满足人民群众受教育的短期需要，又要通过制度创新，提供更加公平、更高质量的教育，满足人民群众受教育的长期、根本需要。教育发展永无止境，教育为人民服务永无止境。当前，办好人民满意的教育，党要从群众最关切的教育问题入手，着力解决如入学难入学贵问题、教育资源分配不均衡问题、城乡教育发展差距问题、教育经费投入问题、创新型人才培养以及就业问题等。因此只有充分发挥党总揽全局、协调各方的领导核心作用，统筹推进教育科技人才体制机制一体改革，完善教育制度和机制，才能确保教育为人民服务的正确价值导向。

3. 教育为人民服务是推进教育公平的必然选择

促进教育公平是我国的基本教育政策，也是实现社会公平的重要基础和核心环节。习近平总书记强调："要坚持以人民为中心，不断提升教育公共服务的普惠性、可及性、便捷性，让教育改革发展成果更多更公平惠及全体人民。优化区域教育资源配置，推动义务教育优质均衡发展，逐步缩小城乡、区域、校际、群体差距。"[1]推进公平优质教育，不断促进教育发展成果更多更公平惠及全体人民，以教育公平促

---

[1] 习近平：《紧紧围绕立德树人根本任务　朝着建成教育强国战略目标扎实迈进》，《人民日报》2024年9月11日。

进社会公平正义，是教育为人民服务、以人为本发展教育的核心。党的十八大以来，教育事业全面发展，教育公平程度明显提高，但教育发展不平衡不充分的问题依然存在，地区之间、城乡之间、学校之间的差距仍然较大。保障每个人享有平等接受教育的机会，努力为全体人民提供更加公平优质的基本公共教育服务，是教育为人民服务、以人民为中心发展的必由之路。只有坚持党的全面领导，坚定不移实施教育优先发展战略，把教育摆在实现人民利益的首要位置，持续加大教育投入、不断优化教育结构、科学配置教育资源，才能为解决教育均衡发展，推进教育公平提供强有力的保障。

（三）加快建设教育强国的根本基石

建成教育强国这一目标，时间紧、任务重、困难多，必须充分发挥党的全面领导这一最大优势，在党的领导下持续深化教育体制改革创新，推动我国早日实现从教育大国到教育强国的系统性跃升和质变，以教育之强夯实国家富强之基。

1. 党的领导是实现教育强国目标的根本保证

坚持党的全面领导，为教育强国建设提供了根本保证。2023年5月，习近平总书记在主持中央政治局集体学习时强调指出："我们要建设的教育强国，是中国特色社会主义教育强国，必须以坚持党对教育事业的全面领导为根本保证。"[①] 讲话深刻揭示了坚持党的领导对推进教育强国建设的极端重要性。坚持党对教育事业的全面领导，直接关系教育强国建设的根本方向、前途命运和最终成败。推进教育现代化、建设教育强国关键在党，只有坚持和加强党的全面领导，中国特色社会主义教育发展道路才能坚定不移，才能把优先发展教育事业作为推动党和国家各项事业发展的重要先手棋，在组织领导、发展规划、资

---

① 习近平：《论教育》，中央文献出版社2024年版，第229页。

源保障、经费投入上加大力度，教育领域改革创新才能不断深化，教育高质量发展才能迈入新的阶段，教育强国建设目标才能早日实现。具体而言，党通过在教育事业中坚持马克思主义的指导地位、坚持中国特色社会主义教育发展道路和坚持社会主义办学方向，为推进教育现代化、实现教育强国提供思想政治保证；通过教育相关制度的制定和各级教育领导组织的健全，为推进教育现代化、实现教育强国提供政策和组织保障；坚持教育优先发展战略，优先配置和借给资源、经费、人才，为推进教育现代化、实现教育强国提供资源条件保障。

2. 党的领导是推动教育高质量发展的基本条件

党的十八大以来，我们党坚持把高质量发展作为各级各类教育的生命线，推动新时代教育事业取得历史性成就、发生格局性变化。我国已建成世界上规模最大的教育体系，教育现代化发展总体水平跨入世界中上国家行列。据中国教育科学研究院测算，"我国目前的教育强国指数居全球第23位，比2012年上升26位，是进步最快的国家"[1]。在取得巨大成绩的同时，还要清醒地认识到，我国与发达国家教育质量相比，还存在不小差距。我国教育还面临着诸多现实问题和挑战：教育工作点多面广线长，教育高质量发展面临不少思想观念束缚、体制机制弊端和突出问题短板；教育的城乡、区域、校际、群体之间的差距还比较大；解决教育资源分配不公的问题任重道远；学校"重知识轻能力、重成绩轻素质、重教书轻育人"的倾向依然存在；教育功利化倾向和短视化行为还比较严重；"五育融合"需进一步推进；教育资源配置需进一步优化；高质量教育体系有待整体构建；现代化教育治理体系和治理能力有待全面提升；教育服务高质量发展能力有待全面提升。要推动我国教育高质量发展，实现从教育大国向教育强国的跨越依然任重道远。走内涵式发展道路，推动深化教育领域综合改革，

---

[1] 习近平：《论教育》，中央文献出版社2024年版，第229页。

破解教育强国建设中面临的突出问题，需要党的坚强领导。在党的领导下，可以更有效地推进教育改革，优化教育资源配置，提高教育质量，满足人民群众对优质教育的需求。

3. 党的领导是凝聚全社会力量共同办好教育的根本保证

建设教育强国是全党全社会的共同任务，办好教育事业，家庭、学校、政府、社会都有责任。其中，学校是育人主阵地、主渠道，肩负立德树人的根本任务，要坚持"五育并举"，全面提高学校教学质量，让教师做到应教尽教、学生学足学好，发挥教育的引领作用。家庭在教育过程中起着基础性的作用，这种作用是长期的、持久的。要强化"家庭是人生第一所学校，父母是孩子的第一任老师"的责任感，培养向上向善的家庭文化，为孩子健康成长营造良好的家庭环境，给孩子上好"人生第一课"，帮助他们扣好人生第一颗扣子。社会则是家庭教育和学校教育的延伸与发展，是强化实践育人的重要途径，是对人一生影响最大、最持久的教育。只有家庭、学校和社会形成合力，构建家庭、学校、政府和社会协调的教育格局，共同努力、密切协作、各司其职，在不同层次上寻找不同的教育重点，采用不同的教育方式，才能营造健康的育人环境，最终办好人民满意的教育。统筹家庭、学校、政府、社会共同办好教育，必须坚持党的领导。党的十八大以来，党中央、国务院对健全家校社协同育人机制作出了重大决策部署，做了顶层设计。党的十九届五中全会明确提出健全学校家庭社会协同育人机制并确定了具体的工作任务。2022年开始施行的《中华人民共和国家庭教育促进法》第六条明确表述"各级人民政府指导家庭教育工作，建立健全家庭学校社会协同育人机制"，将党中央关于教育的主张转化为国家意志，把实践成果上升为法律制度。党的二十大报告进一步要求，健全学校家庭社会育人机制。2023年1月，教育部等十三部门联合印发了《关于健全学校家庭社会协同育人机制的意见》，进一步明确了学校、家庭、社会在育人过程中的作用，为三者协同育人提供了指引。只有在各级党委和政府的领导下,才能构建起人人有责、人人尽责、人人享有的协同育人共同体,为推进新时代教育强国建设凝聚共识、整合资源、汇聚力量。

二、深刻理解坚持党对教育事业全面领导的科学内涵

习近平总书记指出:"党的领导必须是全面的、系统的、整体的……哪个领域、哪个方面、哪个环节缺失了弱化了,都会削弱党的力量,损害党和国家事业。"[①] 教育领域必须贯彻党的领导是全面的、系统的、整体的这一本质要求,不断加强党对教育事业领导的全面性、系统性和整体性。准确把握党对教育事业全面领导的科学内涵,主要体现在党对教育事业的领导是全面的、系统的、整体的。加强党对教育事业的全面领导,就是要把党的领导贯彻到教育改革发展的各个方面,增强党把方向、管大局、作决策、抓班子、带队伍、保落实的能力和定力,确保党的路线政策在各级各类学校贯彻落实,确保党的坚强领导。

(一)党对教育事业的领导是全面的

全面性是坚持党对教育事业领导的最基本特征。党对教育事业的全面领导,体现在学校办学的各个领域、教育教学的各个环节、人才培养的各个方面,全面融入教育改革和发展的整个体系。党对教育事业的全面领导,要在"全面",重在"领导",就是要把党的领导范围、方法、主体、内容更加具体,体现在教育改革发展的各个方面,落实到教育事业的各项工作中,确保党的领导坚强有力。

1. 领导范围的全覆盖

党对教育事业的领导体现在各级各类教育实现全覆盖,即党的领

[①] 《习近平谈治国理政》第3卷,外文出版社2020年版,第166页。

导覆盖所有教育类型、教育阶段和教育内容。一是教育类型的全覆盖。党对教育事业的领导涵盖了基础教育、职业教育、高等教育、继续教育等各类教育形态，各类教育职责不同，都承担着立德树人的根本任务，都要坚持党的领导，全面贯彻党的教育方针。无论是公立学校、民办学校还是中外合作办学院校，无论是全日制教育还是非全日制教育，无论是民族教育与特殊教育还是国内教育与留学教育，都在党的领导之下。各类学校的办学方式、组织结构、运行模式虽然不同，但在坚持正确政治方向和育人导向上没有例外，都需要党的领导和指导。二是教育阶段的全覆盖。从学前教育、义务教育、高中阶段教育、高等教育，以及职业教育和继续教育等，党对教育的领导贯穿了整个教育过程，这意味着党在各个教育阶段都发挥着重要的引领和指导作用。三是教育内容的全覆盖。党对教育事业的领导不仅仅限于学术知识的传授，还包括思想道德教育、法治教育、心理健康教育等方面。党注重培养学生的综合素质，致力于培养德智体美劳全面发展的社会主义建设者和接班人。

2. 领导内容的全方位

党对教育事业的领导在内容上是全方位的，体现在政治、思想、组织等各个方面，是一个系统的整体。一是政治领导，党在教育事业中发挥政治导向和领导作用，确保教育与党和国家的政治方向相一致。党制定并实施教育政策和法规，明确教育的发展方向，推动教育事业的全面发展。党的政治领导保证了教育的正确政治方向和价值导向。二是思想领导，党坚持马克思主义在教育领域的指导地位。思想领导就是要掌握学校思想政治工作的主导权，巩固马克思主义在意识形态领域上的指导地位，用科学的理论培养人，用正确的思想引导人。要深入学习贯彻习近平新时代中国特色社会主义思想，以社会主义核心价值观为依托，办好思政课，加强思想政治教育，引导教育工作者和广大学生树立正确的世界观、人生观和价值观。党注重培养人的全面发展，鼓励创新精神和实践能力，推动中国特色社会主义教育理论的发展。三是组织领导，坚强的组织和健全的领导体制是加强党的领导的根本保障。党建立并完善我国的教育体制和管理体系，确保教育工作有序进行。中央和县级以上地方党委、各级教育主管部门党委、各级各类学校党组织要全面组织开展和领导好教育工作；建强教育系统党的组织体系，充分发挥中央教育工作领导小组和地方各级教育工作领导小组统筹协调、整体推进、督促落实的职能和作用；各级党委和党组贯彻落实党的教育方针政策，负责教育工作的具体规划、政策制定和监督，加强党组织对教育事业的领导。党委在学校和教育机构中发挥核心领导作用，推动党的教育理念和政策得到贯彻执行，把党的教育方针全面贯彻到学校工作各个方面。

3. 领导环节的全链条

党对教育事业全部环节的全链条领导体现在教育事业的各个方面和各个阶段，确保教育事业始终沿着正确的方向前进，为国家长远发展和中华民族伟大复兴提供坚实的人才保障和智力支持。领导环节的全链条主要体现在：一是制定教育方针政策。党通过制定国家教育方针和政策，明确教育事业的发展方向和目标。这些方针和政策涵盖了教育的各个领域和层次，包括基础教育、职业教育、高等教育等，确保教育事业的全面、协调、可持续发展。二是领导教育体制改革。党在教育体制改革中发挥着核心领导作用。通过深化教育改革，推动教育体制机制的创新和优化，打破制约教育发展的体制机制障碍，激发教育活力，提高教育质量，促进教育公平。三是加强师资队伍建设。党高度重视师资队伍建设，通过制定相关政策，提高教师的社会地位和待遇，吸引更多优秀人才投身教育事业。同时，加强师德师风建设，培养一支高素质、专业化的教师队伍，为教育事业提供有力的人才保障。四是保障教育资源投入。党在教育资源投入方面发挥着关键作用，通过加大财政投入、优化资源配置，确保教育事业的经费需求得到满足。同时，鼓励社会力量参与教育事业，形成多元化办学格局，推动教育事业的繁荣发展。五是监督教育质量提升。党通过建立健全教育质量监督和评估机制，对教育事业进行全过程、全方位的监督和管理。通过定期评估和反馈，及时发现问题和不足，推动教育质量的不断提升。六是引领校园文化建设。党在校园文化建设中发挥着引领作用，通过加强思想政治教育和校园文化建设，培养学生的爱国情怀、社会责任感和创新精神。同时，注重发挥校园文化的育人功能，营造积极向上的学习氛围和校园文化环境。这种全链条的领导模式确保了教育事业在党的坚强领导下持续健康发展，为国家和民族的未来奠定坚实基础。

（二）党对教育事业的领导是系统的

教育部发展规划司发布的《2023年全国教育事业发展基本情况》显示，2023年，全国共有各级各类学校49.83万所，各级各类学历教育在校生2.91亿人，专任教师1891.78万人。[1]管理、运行、服务好这一庞大的教育体系，必须以系统思维推进党对教育事业的领导，坚守教育的政治属性、人民属性、战略属性，正确处理国家建设与教育事业的重大关系，把准教育发展规律，加强顶层设计，确保统筹兼顾。

1. 领导体系的系统性

严密的组织体系是党的领导有效发挥的重要保证[2]，党对教育事业的领导体系具备完整的结构，从中央到地方，从高等教育到基础教育，都建立了相应的党组织和领导机构。这些机构在各自的职责范围内协同工作，形成了上下贯通、左右协调的领导网络。党对教育事业

---

[1] 教育部发展规划司：《2023年全国教育事业发展基本情况》，教育部政府门户网站，2024年3月1日。
[2] 《贯彻落实新时代党的组织路线 不断把党建设得更加坚强有力》，《人民日报》2020年7月1日。

的领导机制注重协同性，通过建立健全党委统一领导、党政齐抓共管、部门各负其责的教育领导体制，推动形成贯彻落实党的教育方针政策和重大部署的机制。这种协同性的领导机制确保了教育事业在党的领导下能够协调发展，形成合力。一是在办学治校上，要不断健全各级各类学校坚持党的领导的组织体系、制度体系和工作机制，形成落实党的领导纵到底、横到边、全覆盖的工作格局，确保办学的正确方向。二是在教育教学上，立德树人是教育的根本任务，党的领导要通过落实根本任务体现出来。习近平总书记在2018年全国教育大会上指出："要把立德树人融入思想道德教育、文化知识教育、社会实践教育各环节，贯穿基础教育、职业教育、高等教育各领域，学科体系、教学体系、教材体系、管理体系要围绕这个目标来设计，教师要围绕这个目标来教，学生要围绕这个目标来学。"[1] 教育教学各个环节及体系的设计和运行都要有利于这一根本任务的完成。只有确保党的领导全覆盖，确保党的领导更加坚强有力，才能落实好立德树人这一根本任务。三是在人才培养上，要遵循思想政治工作规律、教书育人规律和学生成长规律，适应不同年龄阶段的学习特征，引导学生做社会主义核心价值观的坚定信仰者、积极传播者和模范践行者，培养德智体美劳全面发展的社会主义建设者和接班人。[2] 党的领导体系的完整性、全面性，是保障党领导的系统性的基础。

2. 领导方法的系统性

教育事业是一个复杂的系统工程，涉及多个领域和多个部门。党在教育事业的领导中，从全局和整体出发，统筹考虑教育事业的各个方面，确保教育事业的各个组成部分能够相互协调、相互促进，形成一个有机整体。党在领导方法论上要坚持系统思维。一是党领导教育

---

[1] 习近平：《论教育》，中央文献出版社2024年版，第13页。
[2] 王炳林：《党对教育事业全面领导的科学内涵和基本路径》，《马克思主义理论学科研究》2020年第5期。

事业的方法具有层次性。党在教育事业的领导中，既关注宏观层面的政策制定和战略规划，又注重微观层面的教学实施和管理监督。通过不同层次的领导和管理，确保教育事业发展的各个方面都能得到有效指导和推动。二是党领导教育事业的方法具有动态性。随着教育事业的不断发展和社会环境的不断变化，党在教育事业上的领导方法也需要不断调整和优化。党能够根据形势的变化和教育的需求，及时调整领导策略和方法，确保教育事业的持续发展。三是党领导教育事业的方法具有综合性。党在教育事业的领导中，注重综合运用多种领导手段和方法，如政策引导、思想引领、组织协调、资源保障等，并使之形成合力，共同推动教育事业的发展。这种综合性保证了教育事业发展的全面性和高效性。党领导教育事业方法的系统性确保了党对教育事业的领导能够全面、深入、有效地进行，为教育事业的持续健康发展提供了坚强保障。

3. 领导过程的协调性

党对教育事业的领导要求准确把握宏观和微观、总体和局部、内部和外部之间的关系，形成有效的协调机制。一是协调性体现在教育系统内部各要素之间的和谐共生。这包括各级各类学校、各种教育类型以及不同教育主体之间的有机联系和配合。在党的领导下，这些要素得以在保持各自独立性和特点的同时，形成教育合力，共同推动教育事业的发展。二是协调性体现在教育事业发展与社会发展的相互适应和相互促进。党在领导教育事业时，始终将教育事业置于国家和社会发展的大背景下，确保教育事业的发展与国家发展战略相一致，与社会进步相协调。这种协调性不仅促进了教育事业的健康发展，也为社会进步提供了有力的人才保障和智力支持。三是协调性体现在党对教育事业的全面领导上。党在领导教育事业时，注重从政策制定、资源配置、教学实施到效果评估等各个环节的协调配合，确保教育事业的各个方面都能在党的领导下有序、高效地进行。这种全面领导确保了教育事业的整体性和连贯性，为教育事业的可持续发展提供了坚强的领导保障。四是协调性体现在教育资源的合理配置上。党在领导教育事业时，注重教育资源的公平分配和有效利用，确保不同地区、不同学校、不同学生都能享受到优质的教育资源。这种协调性有助于缩小教育差距，促进教育公平，为构建和谐社会提供有力支撑。综上所述，党领导教育事业过程中的协调性是一个多维度、多层面的概念。它体现在教育系统内部各要素之间的和谐共生、教育事业发展与社会发展的相互适应、党对教育事业的全面领导以及教育资源的合理配置等方面。这种协调性有助于提升教育事业的整体效能和社会效益，为国家和社会的长远发展提供坚实保障。

（三）党对教育事业的领导是整体的

党对教育事业的全面性和系统性领导，决定了党对教育事业的整体性领导。全面领导我国这样超大规模的教育体系，必须坚持整体性思维，推动整体性治理。同时，坚持党对教育事业的整体性领导，又必然要求党对教育领导的全面性和系统性，没有全面的、系统的领导，整体性领导就无法实现。

1. 领导核心的权威性

中国共产党是我国最高政治领导力量，也是中国特色社会主义制度的最大优势，更是新时代教育事业的领导核心，党中央的集中统一领导对教育事业的整体性建设具有根本性的作用。为加强党中央对教育工作的集中统一领导，2018年3月，中共中央根据《深化党和国家机构改革方案》，组建了中央教育工作领导小组，作为党中央决策议事协调机构。教育领域必须坚定维护与全面落实党中央、中央教育工作领导小组的集中统一领导，做到"事在四方，要在中央"。一是党中央的集中统一领导有利于完善教育领导体制和组织体系。通过建立健全党委统一领导、党政齐抓共管、部门各负其责的教育领导体制，可以形成全党上下共同关心和支持教育事业发展的良好局面。同时，坚持和完善党组织领导下的校长负责制，有助于落实民主集中制原则，扎实抓好学校思想政治工作，牢牢把握党对意识形态工作的领导权。二是党中央的集中统一领导有利于促进教育系统党的建设高质量发展。通过加强党的政治建设、思想建设和组织建设等方面的工作，可以提高党组织的凝聚力和战斗力，发挥党员的先锋模范作用和党支部的战斗堡垒作用，从而推动教育系统党的建设不断迈上新台阶。三是党中央的集中统一领导有利于把建设教育强国作为总抓手，认真履行好全面领导责任。这要求各级党组织和广大党员干部把教育事业放在优先发展的战略地位上，切实加强对教育工作的领导和指导。同时，还需要准确把握党对教育事业全面领导的基本途径和方法，如加强党的政治领导、思想领导和组织领导等。

2. 领导目标的一致性

党对教育事业领导的整体性主要体现在领导目标的一致性上。一是教育事业的根本任务是培养德智体美劳全面发展的社会主义建设者和接班人。这是党的教育方针所明确的，也是国家和社会对教育的共同期待。坚持党对教育事业的领导，就是要确保这一根本任务的落实，培养出符合时代要求的高素质人才。党的教育方针和政策是教育事业发展的根本遵循，通过加强党的领导，可以确保教育系统全面贯彻党的教育方针，坚持正确的办学方向，确保教育目标的统一性和一致性。二是党对教育事业的领导不仅关注教育的具体事务，更关注教育的整体发展和长远目标。党要站在全局的高度，谋划教育事业的未来发展方向，确保教育事业与国家发展战略相契合。整体性的领导要求党在教育事业中树立大局意识，统筹考虑教育与经济、政治、文化、社会、生态文明建设等方面的关系，推动教育事业与社会发展的深度融合。例如，2019年2月，中共中央、国务院印发了《中国教育现代化2035》，提出了推进教育现代化的总体目标："到2035年，总体实现教育现代化，迈入教育强国行列，推动我国成为学习大国、人力资源强国和人才强国，为到本世纪中叶建成富强民主文明和谐美丽的社会主义现代化强国奠定坚实基础。"[1] 党的二十大报告明确提出，到2035年建成教育强国。2024年召开的全国教育大会，首次提出教育强国的六大特质，并围绕六大特质系统部署了五个方面的战略任务和重大举措。这正体现了党对教育目标的整体性谋划。三是党通过加强对教育系统的领导与监督，确保教育系统各级各部门贯彻执行党的教育方针和政策。通过建立健全的领导体制和工作机制，党能够及时发现和解决教育工作中存在的问题，确保教育目标的顺利实现。同时，面对新时代的要求和挑战，党积极推动教育改革与创新，以适应经济社会发展的需要。通过改革教育体制、创新教育模式、完善教育内容和方法等，党能够不断提高教育质量，更好地实现教育目标。

3. 领导推进的统一性

党在领导推进教育事业的过程中，也必须体现党对教育事业领导的整体性。一是我们党始终坚持以人民为中心的发展思想，党和政府在教育资源的分配上，始终坚持公平、公正、公开的原则，通过全盘统筹教育资源，加大对贫困地区、民族地区的教育支持力度，努力缩小城乡、区域之间的教育差距。党的十八大以来，党中央始终把教育摆在优先发展的战略位置，一项项政策展现了国家推进教育公平的决心和力度：国家财政性教育经费持续保障；教育资源优化配置，区域、城乡、校际差距逐步缩小；教育精准扶贫，阻断贫困代际传递；学前教育实现了跨越式的发展，城乡义务教育一体化稳步推进，高中阶段教育基本普及，高校招生持续向中西部和农村地区倾斜。二是教育领域的改革与创新也体现了"全国一盘棋"的思想。党和政府在教育改革上始终坚持整体推进、重点突破的策略，通过改革教育管理体制，

---

[1] 《中共中央、国务院印发〈中国教育现代化2035〉》，新华社，2019年2月23日。

优化教育资源配置，增强教育系统的活力和适应性。这包括推动教育行政部门的职能转变，简政放权，激发学校的办学活力，以及推动教育评估体系的完善，确保教育质量的持续提升。这种全局性的改革思路，确保了我国教育事业的持续进步和不断创新。

三、坚持党对教育事业全面领导的实现路径

站在新的历史起点上建设高质量教育，加快推进教育现代化、建设教育强国，必须加强党对教育工作的全面领导，牢牢把握党对教育领域意识形态领导权，不断优化完善党全面领导教育工作的组织体系、制度体系与工作机制，将教育领域党的建设实效转化为教育事业高质量发展实效。

（一）牢牢把握党对教育领域意识形态领导权

教育系统始终处于意识形态领域斗争的最前线，是党的意识形态工作的重要领域，做好教育系统意识形态工作，是坚持党管意识形态的重要内容，是坚持党对教育事业全面领导的核心。党的治校方向首先要体现在党的治校思想上，扩大和加强主流思想舆论，唱响主旋律，强化正能量，确保正确思想方向，巩固马克思主义的指导地位。马克思主义是我国教育最鲜亮的底色，教育领域要成为马克思主义学习、研究、宣传的重要阵地，加强马克思主义理论教育，为学生一生成长奠定科学思想基础。[①]学校党组织要认真落实意识形态工作责任制，加强教育领域意识形态阵地建设，建强学校意识形态工作队伍，牢牢把握党对教育领域意识形态领导权。

[①] 王炳林：《党对教育事业全面领导的科学内涵和基本路径》，《马克思主义理论学科研究》2020年第5期。

1. 落实学校意识形态工作责任制

建立学校党委统一领导、学校各部门有效管理、基层党组织密切配合的管理制度，形成联合管理的格局，做到守土有责、守土负责、守土尽责。一是要落实高校党委和中小学校党组织意识形态主体责任、党委书记第一责任人的制度。学校各级党组织是意识形态建设的主体和核心，党委在意识形态工作中居于统领地位，学校党委书记作为学校一把手是第一责任人。面对意识形态领域斗争尖锐复杂的新形势，高校党委和中小学校党组织必须强化政治责任和领导责任，大力加强领导班子建设，不断增强高校党委委员和中小学校党组织成员捍卫意识形态领导权的政治敏锐性。党委书记、校长要旗帜鲜明地站在意识形态工作第一线，党委班子定期对学校思想领域重大问题进行分析、研究和判断，加强对全校工作任务的统筹指导，推动重要任务和重要部署的落实，对思想政治工作发展规划、岗位建设、队伍建设等基础工作进行统一领导，有效发挥定向把关作用。二是党委领导下的各职能部门和二级单位党组织，应根据不同分工具体落实和开展意识形态工作。扎实推动党委办公室、组织部、宣传部、统战部等党委职能部门共同参与、协同推进；建立健全学校各级党组织之间协同互动、共同治理的常态长效机制，校党委发挥把方向、管全局的领导核心作用，院系党委（党支部）发挥政治核心作用，基层党支部发挥战斗堡垒作用，构建意识形态工作新格局。[1] 三是党务工作者、思政课老师、辅导员班主任是学校意识形态工作的骨干力量，要发挥意识形态工作主力军的作用。全体党员和教师都承担着立德树人的职责，用马克思主义中国化最新成果武装头脑，带头宣传阐释党的理论和路线方针政策，身体力行、模范带头，形成覆盖全员和全方位的工作体系。

---

[1] 黄蓉生、唐登然：《论高校坚持"党管意识形态"的必然遵循》，《国家教育行政学院学报》2018年第1期。

2. 加强学校意识形态阵地管理

阵地是意识形态工作的基本依托，意识形态阵地我们不去占领，别人就会去占领。学校要站稳守牢意识形态前沿阵地，就要强化意识形态阵地管理。一是铸牢课堂教学主阵地。课堂是学校意识形态工作的主阵地，教师是意识形态工作主力军。发挥思政课主渠道作用，切实推动中国特色社会主义理论体系进教材、进课堂、进头脑，用马克思主义占领思想阵地。推进"课程思政"实践，各类课程都要宣传主流意识形态，与思想政治理论课同向同行，形成协同效应。坚持学术研究无禁区、课堂讲授有纪律的基本原则，对课堂教学内容及过程进行监督，坚决杜绝错误观点和不当言论在课堂上传播，坚守课堂教学意识形态安全底线和红线。二是加强新媒体阵地管理。网络新媒体成为意识形态交锋的主战场。加强学校意识形态工作，必须发挥网络主战场作用。要充分发挥新媒体的舆论强势，善于开发、利用、建设和管理微博、微信、客户端、短视频等网络媒体平台，运用灵活多样，贴近学生实际、贴近学生生活的具有思想性、艺术性、时代性和感召力的话语传播主流意识形态，用主流思想占领网络空间，让党的主张成为网络主旋律，理直气壮地传播党的创新理论，坚决守好网络意识形态主战场。三是加强校园文化阵地管理。建立和完善校园文化建设体系，丰富学校文化内涵，营造健康、积极向上的校园文化氛围。在校园文化活动中，注重社会主义核心价值观的普及和宣传，弘扬中华民族优秀传统文化。四是加强校园报告会、研讨会、讲座、论坛、社团等阵地管理。座谈会、研讨会、讲座、论坛、社团是备受学生喜爱的活动载体，也是学校意识形态工作的重要阵地，承载着繁荣校园文化、引领学生发展的职责使命。按照"谁组织、谁负责、谁批准、谁监督"的原则，确保研讨会、讲座、论坛、协会成为宣传科学理论、传播先进文化、弘扬社会风尚、促进学术繁荣的阵地，不留下管理死角和盲区。

3. 建强学校意识形态工作队伍

意识形态工作队伍是学校开展意识形态工作的骨干力量，高校意识形态工作队伍主要包括"高校党政干部和共青团干部，思想政治理论课教师，辅导员和班主任，哲学社会科学教学科研人员以及网络宣传工作人员"[1]。建设一支由党政干部、思政课教师、宣传骨干、辅导员骨干等组成的，政治坚定、业务精湛、作风优良的意识形态工作队伍，是高校开展意识形态工作的组织基础。一是党政干部和共青团干部居于重要位置。他们负责统筹高校意识形态工作的领导、组织、实施和管理，确定意识形态工作的目标和方向，制定意识形态工作的规划和方案。[2]要把那些政治立场坚定、政治态度鲜明，业务能力突出的干部纳入到队伍里来，站稳守牢学校意识形态的前沿阵地。二是思想政治理论课教师是高校意识形态工作的主力军。思想政治工作是学校各项工作的生命线，思政课是落实立德树人的关键课程，办好思政课是落实党对教育事业全面领导的具体体现。做好思想政治工作，队伍是根本保障，思政课教师承担着切实推动中国特色社会主义理论体系进教材进课堂进头脑，引导大学生认知认同、内化外化主流意识形态的职责。因此，思政课教师要加强专业学习和研究，提升理论水平和专业素养，确保教学内容的准确性和权威性。要深化对教学实践的认识，增强教学责任感和使命感，以更加饱满的热情投入教学中。三是辅导员和班主任是高校意识形态工作的日常管理者和教育者，是大学生意识形态教育的骨干力量。他们负责学生的日常管理工作，关注学生的思想动态，通过日常交流、谈心谈话等方式，对学生进行思想引导和教育。辅导员和班主任队伍要加强思想政治教育理论学习，提升

---

[1] 黄蓉生：《意识·能力·机制·平台——高校意识形态工作队伍构建要义》，《光明日报》2016年5月15日。

[2] 黄蓉生、唐登然：《新时代高校意识形态工作队伍建设的实践思考》，《学校党建与思想教育》2019年第7期。

思想政治素养和教育能力，深入了解学生的思想动态，增强对学生的关心和理解，提高工作的针对性和实效性。同时，加强与学生家长的沟通和联系，形成家校共育的良好局面。四是哲学社会科学教学科研人员是高校意识形态工作的重要力量。他们是大学生求学成长的重要引路人，他们能够在传授专业知识的过程中融入社会主义意识形态教育，并以良好的思想、道德、品质和人格给大学生以潜移默化的影响。[①] 五是网络宣传工作队伍是高校意识形态工作不可或缺的力量。他们是主流意识形态传播、网络环境治理维护、网络舆情监控、网络意识形态风险防控等的专门力量，必须掌握意识形态工作的主动权、打好主动仗、下好先手棋，不断提升网络环境治理和网络舆情风险的防范力、控制力、处置力。[②] 网络宣传工作人员是高校意识形态工作队伍不可或缺的构成部分。他们通过做好队伍选拔工作、抓好队伍教育培训、强化队伍实践锻炼、健全激励与考核机制等途径，提升意识形态工作队伍的综合素质。

（二）健全党领导教育事业的体制机制

教育工作是一个复杂且庞大的系统，加强党对教育工作的全面领导，要有制度保障，要靠坚强的组织体系去实现。要建立健全协调各方的领导机制，不断优化党对教育工作全面领导过程中的管理内容和具体落实，使系统内部各子系统之间良性运转，使得教育工作科学高效。从教育政策颁布和执行主体看，中国特色社会主义教育制度主要体现为两个方面，一是决策制度，主要是教育领导管理体系。二是学校治理，因为学校是教育主阵地。完善党全面领导教育事业的机制体制，主要从领导管理体系及学校治理层面着力。

[①] 黄蓉生：《意识·能力·机制·平台——高校意识形态工作队伍构建要义》，《光明日报》2016年5月15日。

[②] 冯刚、孙贝：《新时代高校意识形态工作的三个着力点》，《北京教育（高教）》2022年第3期。

1. 强化党在教育系统中"一元主体"的纵向领导体制

在教育工作系统中，若教育管理职能部门之间没有形成良好的协同，可能领导决策目标与实际管理结果之间会出现差距。因此，要加强党对教育工作的全面领导，就必须在党委领导下形成教育部、教育主管部门、学校（党委）之间良好的沟通反馈机制和纵向引领机制。这个反馈和引领机制要体现平等、互动和及时，才能实现领导决策的科学性、管理工作的协同性和具体工作的贯彻性的有机统一。一是强化各级党委政府的领导。明确各级党委政府对教育事业的领导责任，将教育事业纳入经济社会发展全局中谋划和推进，确保教育事业与经济社会发展同步规划、同步实施。建立健全党委领导下的教育工作领导体制，形成党委统一领导、党政齐抓共管、部门各负其责的教育领导格局。加强各级党委政府对教育事业发展的研究和分析，提高决策的前瞻性和针对性。党委领导下的校长负责制是中国特色现代大学制度的核心内容，是党对高校领导的根本制度，必须长期坚持并不断完善。二是加强教育部门及相关部门的协作联动。教育部门是贯彻落实党对教育事业全面领导的重要力量。教育部通过印发教育领域重要文件，各地方教育部门按照文件抓落实并根据区域特征提供具体措施，推进教育事业稳步发展。同时，教育部门作为各级各类学校的主管部门，应深入学校了解政策文件执行中存在的问题并提出针对性指导性意见，确保党的领导机制真正发挥作用。除了教育部门，还需要党的组织部门强化政治引领和指导；需要党的宣传部门加强价值引领和指导；需要人力资源部门就教师队伍建设提供支持；需要财政部门提供资金保障；需要共青团等部门提供指导服务。教育作为系统工程，需要相关部门协作联动，统筹推进，以实现把党对教育工作的领导落到实处。[①] 三是发挥基层党组织的战斗堡垒作用。基层党组织是完成立

---

① 王庭大、唐景莉主编：《坚持党对教育事业的全面领导》，中国人民大学出版社2021年版，第143—144页。

德树人根本任务的组织者、执行者和参与者，要以提升组织力为重点，着力发挥基层党组织坚强战斗堡垒作用，为把学校建设成为坚持党的领导的坚强阵地提供组织保证。在组织体系上，高校要不断健全完善学校党委、二级党组织、基层党支部和党员"四位一体"的组织体系，建立健全集体领导、党政分工合作、协调运行的工作机制。中小学推进党组织和党的工作全覆盖，坚持党组织落实主体责任、书记压实第一责任、班子成员履行"一岗双责"。总之，要不断地完善各级各类学校党的领导的组织体系、制度体系和工作机制，使各级党组织发挥领导作用和保证监督作用。

2. 完善党领导下的"多元共建"横向联动机制

"多元共建"横向联动机制，是指在坚持党对教育工作全面领导的基础上，以沟通、协商、组织、调配、合作等路径开展教育工作，以优化领导决策和提高工作效率为目的，实现党对教育工作全面领导作用最大化。教育工作是一个庞杂的系统，同时也是一个开放的系统，其工作的运行不仅涉及各主体、客体、介体要素，还涉及各个方面的资源，包括家庭、社会资源等。构建"多元共建"的横向联动机制，不仅需要中央、省级教育主管部门和相关部门之间的优势整合与协同，还需要外部优质资源的协调推进、共同发力，打造中央、省级教育主管部门内部资源与外部要素的协同共为。一是要建立学校、家庭、社会协调育人机制。外部采取开放办学的共治思路，在"放管服"的政策支持下，形成三位一体"融教育"协同育人格局，做到同心同向、全员全程教育。学校作为育人的指导者，依托家长会、家委会、微信群、QQ群等方式，依托社会实践、实习、就业等环节，及时全面地将学生情况告知家庭和社会，并明确各个阶段的培养主题及需要家庭、社会共同推进的事项。学校可通过建立发展委员会，搭建政府、社会、家庭、校内沟通议事平台，整合家庭、社会各界资源，建立家委会、社委会的常态运行机制。家庭作为教育的重要主体，需与学校教育目标保持同向，可建立和依托家长发展学院，开发家长成长课程群，构建家校社育人共同体。社会作为教育的重要责任体，为教育提供活动场所、实践机会等服务，并及时反馈教育成果，可依托社委会，联合共建学校教育实践基地。利用区块链技术建立学生全周期成长平台，打通学校、家庭、社会的链路，构建共同育人环境。二是积极发挥校内群团组织的政治作用。加强党的全面领导，不仅领导好党内系统，还要注重调动党外各类群体的积极性和创造性，积极发挥群团组织政治作用。在学校中，工会、共青团、学生会等是党领导下的群团组织，政治性是群团组织的灵魂。各级党委要加大政治动员、政治引领、政治教育工作力，充分调动群团组织联系群众的桥梁和纽带作用，承担起引导群众听党话、跟党走的政治任务。三是强化党外知识分子的思想政治引领。加强党的全面领导，不仅要抓住领导干部"关键少数"和普通党员"基础多数"，还要提升党外知识分子思想政治工作的有效性。对于高校、科研院所的党外知识分子，注重引导他们坚持正确的世界观、方法论，不当西方理论搬运工，做整合创新推进者；对于归国留学人员，帮助他们增进对国情、省情的认识，将所学知识同实际结合，在成就中尽早实现再本土化。

3. 建立党领导下的矛盾问题动态协调解决机制

习近平总书记指出："要有强烈的问题意识，以重大问题为导向，抓住关键问题进一步研究思考，着力推动解决我国发展面临的一系列突出矛盾和问题。"[①] 坚持问题导向，是马克思主义的重要思维和工作方法，也是党解决教育领域面临问题的关键。新时期党对教育工作的全面领导强调突出"问题导向"，注重精准施策。一是要建立健全矛盾排查机制。各级党组织和教育行政部门要定期组织对教育系统内部和外部环境中的矛盾问题的排查，及时发现和识别潜在的矛盾点。通过师

---

① 《习近平著作选读》第1卷，人民出版社2023年版，第161页。

生座谈会、问卷调查、网络舆情监测等多种渠道收集师生意见和诉求，了解师生关注的热点和难点问题。对排查出的矛盾问题进行分类整理，建立矛盾台账，明确责任单位和责任人，制定解决方案和时限要求。二是要完善矛盾协调机制。成立由党组织牵头的矛盾协调机构，负责协调解决教育系统内部和外部的矛盾问题。制定矛盾协调的工作流程和程序，确保协调工作的有序进行。在协调过程中，要注重听取各方意见，寻求共同点和平衡点。加强与相关部门的沟通协作，形成工作合力，共同推动矛盾问题的解决。三是要加强矛盾预防机制。加强对党的教育方针和政策的宣传解读，提高师生对政策的理解和认同度，减少因政策理解偏差而产生的矛盾。建立健全教育系统内部和外部环境中的预警机制，及时发现和预警潜在的矛盾问题，为预防矛盾提供有力支持。加强对网络舆情的监测和分析，及时掌握师生关注的热点和难点问题，为预防矛盾提供有力依据。四是要强化责任落实机制。将矛盾问题解决的责任落实到具体单位和个人，确保责任明确、任务到人。建立健全矛盾问题解决的监督考核机制，对责任单位和责任人的工作情况进行定期检查和评估，确保矛盾问题得到有效解决。对在矛盾问题解决过程中推诿扯皮、敷衍塞责的单位和个人进行严肃处理，形成有力的责任追究机制。

（三）全面加强和改进教育系统党的建设

加强和改进教育系统党的建设是实现党对教育事业全面领导的组织保障。习近平总书记在2018年全国教育大会上指出："党的领导在教育系统能不能有效实现，取决于教育系统党的组织体系健不健全，党的建设抓得好不好。"[1] 推进教育战线的全面从严治党，强化自我革命的决心担当，在教育战线营造廉洁高效的浓厚氛围，关乎党对教育工作

---

[1] 习近平：《论教育》，中央文献出版社2024年版，第22页。

全面领导的成效，关乎我国教育事业发展的大局。

1. 提升教育领域党建工作质量

抓好学校党建工作是办好学校的基本功，要不断提高教育系统党的建设科学化水平。一是要加强理论武装，深化对党的创新理论的学习。把思想建设作为教育系统党的基础性建设，教育系统党组织应定期组织党员教师学习党的理论和政策，引导党员教师全面把握党的教育方针和政策，增强政治敏锐性和鉴别力。同时，注重将学习成果转化为推动教育发展的实际行动，提高党建工作的实效性。二是要完善党建工作制度，确保工作规范有序。建立健全党建工作责任制，落实全面从严治党主体责任，把党建工作和学校中心工作一起谋划、一起部署、一起考核，明确各级党组织和党员在党建工作中的职责和任务。制定党建工作考核评估机制，定期对党建工作进行检查和评估，及时发现问题并加以改进。同时，加强党内监督和民主管理，确保党建工作的公开透明和民主决策。三是要创新党建工作方法，增强工作活力和吸引力。教育系统党组织应积极探索党建工作与教育教学、科研管理、学生工作等方面的融合点，形成具有特色的党建工作模式。运用现代信息技术手段，如网络平台、微信公众号等，创新党建工作方式和方法，提高党建工作的效率和吸引力。四是要坚持以人民为中心的发展思想，服务师生群众。教育系统党组织应始终把师生利益放在首位，关心解决师生最关心、最直接、最现实的利益问题。建立健全服务群众机制，为师生提供优质服务。同时，加强师生思想政治教育，与师德师风建设紧密结合，引导师生树立正确的世界观、人生观、价值观，使广大教师努力成为"有理想信念、有道德情操、有扎实学识、有仁爱之心"的好老师。

2. 坚决整治教育领域腐败乱象

党的十八大以来，教育系统认真落实党中央决策部署，管党治党和反腐败工作取得明显成效。但从近年来查处的案件来看，教育系统的腐败问题频发，教育领域成为腐败高发地之一。从高校校长、教授到中小学校长、教师，从基建工程、物资采购、选人用人到考试招生、科研经费、合作办学，从受贿贪污到滥用职权，从"扎堆腐败"到"智能化腐败"，教育领域腐败的形式多样，手段隐蔽，有些案件涉案金额巨大，有些案件涉及多种违纪违法行为，涉案人员年轻化、高层次、高学历趋势明显，严重影响了教育领域的政治生态和整体形象。这些问题不仅损害了教育事业的健康发展和教师队伍的建设，也影响了学生的成长和社会的公平正义。因此，教育系统反腐败斗争的形势依然严峻复杂、任务依然艰巨繁重。要以零容忍的态度对待教育腐败，坚持有案必查、有腐必惩、有贪必肃，坚决打赢教育领域反腐败斗争的持久战。一是加大惩治腐败的力度。加强对教育领域腐败行为的查处和打击力度，严惩腐败分子，形成有效的震慑力。建立健全查办案件组织协调机制，加强办案力量，加大信访案件工作协调和督查督办力度。健全信访工作机制，完善信、访、网、电、微"五位一体"信访举报平台，认真受理信访举报。建立健全主动发现问题线索和及时查处机制，规范办案程序，严明办案纪律，提高办案质量。二是抓住"关键少数"和"关键领域"。紧扣领导机关、领导干部、领导班子成员这些重点，强化教育、管理和监督，确保权力正确行使。严格审查和处置党员干部违规违纪违法行为，严肃查办党员干部滥用权力、权钱交易、腐化堕落、失职渎职等案件，重点查处问题线索反映集中、群众反映强烈、政治问题和经济问题交织的腐败案件。紧紧盯住易滋生腐败的重要领域、关键环节、重点岗位等，抓住招生考试、职称评审、经费使用、财务管理、招标采购、基建工程建设、校办企业等重点领域，以及一些影响恶劣的师德师风问题，进行专项的检查治理工作。三是扎牢不能腐的制度防线。推进教育系统"纪律监督、监察监督、派驻监督、巡视监督"贯通使用，统筹衔接，在教育系统构建起党统一领导、全面覆盖、权威高效的监督体系。对巡视巡察、专项检查、审计、监督检查中发现的问题及时整改。严格学校的各项管理制度，实行校务和财务公开制度、财务审计制度，加强对腐败易发领域的财务监督。通过健全完善党内法规制度，严格制度执行，形成一整套不能腐的制度体系，把权力关进制度的笼子里，筑牢预防腐败的制度防线，让权力在阳光下运行。

3. 聚力打造风清气正的教育政治生态

各级党组织要把政治建设放在教育体系党建的首位，坚定政治信念，加强政治领导，净化政治生态，培育积极健康的党内政治文化，为营造良好的育人环境提供根本保障。教育系统要结合当地教育特色和工作实际，以理论武装、师德师风建设、完善制度、文化浸润、作风建设为抓手，培育积极健康的政治文化，推进清廉学校建设，着力营造"政风清明、校风清净、教风清正、学风清新"的良好教育生态和育人环境，促进新时代教育高质量发展。要充分发挥廉洁文化浸润校园、滋养心灵的作用，把推进廉洁文化建设作为加强学校思想政治建设、推进立德树人的重要抓手。一是要推进廉洁文化与课程相融合，在教学活动中渗透清廉教育，持续激发清廉学校建设的内生动力和共建合力。深入推进清廉学校建设工作，把清廉学校建设纳入学校党建、德育体系、课堂教学、校园文化和师德师风工作各个环节。稳步打造清廉教育，着力推进创特色，明党风、强作风、净校风、正教风、养学风、促家风，促进风清气正良好教育政治生态和育人环境的全面形成，持续深入推进清廉建设走深走实走出特色。二是要推进校园廉洁文化阵地建设，引导各级各类学校深入挖掘地方及学校的特色文化和历史底蕴，把清廉元素渗透到校园环境布置，让清廉之气充盈校园，打造出多维立体的廉洁文化育人环境，让全体师生在潜移默化中接受熏陶和洗礼。通过多种形式的活动，加大廉洁教育宣传力度，利用学校宣传窗口、电子屏幕、黑板报、校园广播、微信公众号等平台开展全方位宣传。引导教师常敲廉洁警钟，筑牢思想防线，不碰师德红线，争做"四有"教师。积极开展好学校、好校长、好老师、好学生"四好"创建活动，推动清廉思想、清廉制度、清廉规则、清廉纪律、清廉文化教育深度融入教育教学各个方面。

第三章

坚持把立德树人作为教育的根本任务

坚持把立德树人作为教育的根本任务，事关中国特色社会主义事业后继有人这一重大课题，是培养一代又一代合格的社会主义建设者和接班人的重要保障。习近平总书记在2024年全国教育大会中指出："建设教育强国是一项复杂的系统工程，需要我们紧紧围绕立德树人这个根本任务，着眼于培养德智体美劳全面发展的社会主义建设者和接班人。"[1]习近平总书记的论述从党和国家事业发展全局的高度，紧扣立德树人这个根本任务，深刻阐释了教育的目标和实现路径。

一、坚持用习近平新时代中国特色社会主义思想铸魂育人

习近平总书记指出："要坚持不懈用新时代中国特色社会主义思想铸魂育人，实施新时代立德树人工程。"[2]习近平新时代中国特色社会主义思想是当代中国马克思主义、二十一世纪马克思主义，是中华文化和中国精神的时代精华，实现了马克思主义中国化时代化新的飞跃。习近平新时代中国特色社会主义思想是从实践中来的真理，也是必将被实践证明的真理，这就是其能够用来铸魂育人的前提。[3]

（一）用好铸魂育人的理论武器

用好习近平新时代中国特色社会主义思想这一理论武器，锻造好

---

[1] 习近平：《紧紧围绕立德树人根本任务　朝着建成教育强国战略目标扎实迈进》，《人民日报》2024年9月11日。
[2] 习近平：《紧紧围绕立德树人根本任务　朝着建成教育强国战略目标扎实迈进》，《人民日报》2024年9月11日。
[3] 李红权等：《用习近平新时代中国特色社会主义思想铸魂育人的内在机理分析》，《思想教育研究》2019年第7期。

落实立德树人根本任务的关键课程，重要的是用这一理论武器的科学理论、理想信念、精神情怀来铸魂育人，引导被教育者将党的创新理论入脑入心。

1. 用习近平新时代中国特色社会主义思想的科学理论铸魂育人

作为指向思想灵魂和观念世界的铸魂育人，实质是一种意识形态教育和人才培养实践活动，只有理论清醒才能政治坚定，需要运用理论思维把理想信念建立在对科学理论的理性认同上。① 理论只有彻底才能说服人。习近平新时代中国特色社会主义思想，为中国特色社会主义的崭新发展指明了方向，引领我们进入了中国特色社会主义的新时代。这一思想从理论与实践的紧密结合中，科学地回答了中国之问、世界之问、人民之问、时代之问，为我们提供了坚实的思想基础和行动指南。用习近平新时代中国特色社会主义思想铸魂育人，一方面就是要做到"有理讲理"。教育者要真学真懂真信真用，系统学习、完整掌握、深入领会，还要学懂弄通做实。只有首先自己入脑入心，才能让被教育者入心入脑。另一方面是"讲理有理"。要从事实和实践出发，引领受教育者感受到习近平新时代中国特色社会主义思想的原创性理论魅力，认识到这一思想对时代需求的科学回应，将受教育者对习近平新时代中国特色社会主义思想的理性认同上升为信念追求和行动自觉。

2. 用习近平新时代中国特色社会主义思想的理想信念铸魂育人

理想信念作为一个人在理论和实践上追求的目标和信仰，是人们在困难面前坚持下去的动力源泉。从马克思主义原理的角度来看，理想信念就是人的主观能动性的集中表现，推动着人们去实现人生过程中的一切事情。用习近平新时代中国特色社会主义思想的理想信念铸魂育人，就是要让受教育者感悟到在习近平新时代中国特色社会主

---

① 钟启动：《用习近平新时代中国特色社会主义思想铸魂育人的内容范畴与精神实质》，《思想教育研究》2020年第8期。

思想的崇高理想信念的指引下，能够充分发挥自己的主观能动性，做到"敢教日月换新天"。用习近平新时代中国特色社会主义思想中关于初心使命、理想信念的论述武装头脑，进一步培育出不畏艰险、敢于担当的斗争精神，并引导受教育者将崇高理想与具体实践结合起来，在脚踏实地的奋斗中实现人生价值。

3. 用习近平新时代中国特色社会主义思想的精神情怀铸魂育人

精神情怀是体现一个人思想境界与人格修为的重要标志。具有深厚而崇高的内涵的精神情怀具有强大的感染力，能够陶冶人的性情，激励人的斗志，对于净化心灵和提升精神境界具有不可忽视的积极作用。习近平新时代中国特色社会主义思想是中华文化和中国精神的时代精华，内蕴着深厚宽广的精神情怀，是新时代铸魂育人汲取信念力量和价值能量的源头活水。用习近平新时代中国特色社会主义思想的精神情怀铸魂育人，一是要用其中彰显的伟大民族精神铸魂育人。用伟大创造精神激励人们不断创新，在新时代新征程上不断创造一个又一个人间奇迹。用伟大奋斗精神激励人们发扬斗争精神，勇于斗争，奋力实现中华民族伟大复兴的中国梦。用伟大团结精神教育人们通过团结互助战胜一切风险挑战、不断从胜利走向新的胜利。用伟大梦想精神为人们在实现中华民族伟大复兴的中国梦上提供重要的价值导向。① 二是用其中彰显的伟大时代精神铸魂育人。用伟大时代精神教育人们解放思想、大胆创造，突破错误的和教条式的思想观念。要不断增强团结一心的精神纽带、自强不息的精神动力，争当改革的坚定拥护者和积极实践者，继续把中国特色社会主义事业推向前进。②

（二）办好立德树人的关键课程

习近平总书记在学校思想政治理论课教师座谈会上指出："思政课

---

① 韩振峰：《伟大民族精神是中国发展进步的强大动力》，《红旗文稿》2020年第14期。
② 蔡青竹：《习近平总书记强调的"时代精神"》，《学习时报》2024年1月1日。

是落实立德树人根本任务的关键课程,思政课作用不可替代。"①思政课作为培育时代新人的"关键课程",是落实立德树人根本任务的关键。事实说明,唯有完善立德树人的"关键课程"内容,汇聚开放多元的"关键课程"资源,构建协同一体的"关键课程"机制,方能进一步办好思政课这一高校落实立德树人根本任务的关键课程。

1. 完善立德树人的"关键课程"内容

思想是行动的先导,教育主体应坚守初心使命,坚定为党育人、为国育才的目标。坚决摒弃"条块分割""孤岛育人"的理念,坚持系统联动、整体协作、同向同行、一以贯之。一是要推进思政课程目标一体化。要整体规划各学段的侧重点和区分度,从小学到大学,每个阶段的思政课程目标都应有明确的定位和衔接,确保学生在成长过程中能够逐步深化对思政内容的理解和应用。要以目标指导总体布局,分学段逐项落实,尊重学生的主体地位,遵循思想道德发展的客观规律,用外部教育激发学生内部感悟,既符合每个学段的学生成长实际,又体现大中小学思政课一体化育人的融合与协调。②二是要推进思政课程内容一体化。对现有的思政课程内容进行梳理和整合,消除重复、脱节、缺位等问题,形成层次清晰、衔接紧密的课程体系。要注重不同学段之间的过渡和衔接,确保学生在不同阶段都能获得连贯的思政教育。"在大中小学循序渐进、螺旋上升地开设思政课非常必要,是培养一代又一代社会主义建设者和接班人的重要保障。"③针对不同学段的学生特点,采用多样化的教学方法和手段,激发学生的学习兴趣和积极性,提高思政课程的教学效果。三是要推进思政教材体系一体化。对全学段的思政教材内容进行深入研究和梳理,找准各学段教材间的

---

① 习近平:《思政课是落实立德树人根本任务的关键课程》,《求是》2020年第17期。
② 唐景莉:《办好立德树人关键课程——统筹推进大中小学思政课一体化建设访谈》,《中国高等教育》2022年第6期。
③ 习近平:《论教育》,中央文献出版社2024年版,第186页。

症结，通过修订和完善教材内容，解决不同学段课程间的堵点、断点、散点、难点，实现思政教材内容的连贯性和整体性。要根据不同学段学生的认知特点和成长需求，合理安排教材内容，确保内容的层次性和递进性。

2. 汇聚开放多元的"关键课程"资源

思政课要有效发挥立德树人的关键作用，必须打开"书斋"之门、"教室"之门、"学校"之门，直面时代、贴近生活、植根实践，充分吸纳、用好社会现实和实践中丰富多样的教育资源。[①] 一是要结合当今世界背景，讲清说透学生关心的重大问题。这就要求教师树立宽广视野，用活用好这些资源和案例，在贯通历史和现实、国内和国际、理论和实践中回应学生关心的重大问题、热点话题，让课堂内容更有亲和力和感染力、更有针对性和实效性。[②] 二是整合校内资源。深入挖掘并充分利用学校内部的各类资源，以丰富思政课的教学内容和形式。三是拓展校外资源。可以与社区、企事业单位、博物馆、纪念馆等建立合作关系，设立实践基地，通过定期组织学生参与实践活动，让学生在实践中感受思政理论的生动性和实用性。还可以引导学生参与社会调查与研究，了解社会发展现状和问题。这不仅可以为学生提供真实的思政课案例材料，还可以培养学生的社会责任感和批判性思维。

3. 构建协同一体的"关键课程"机制

首先，强化理论研究，实现课内知识教育与课外实践活动的无缝对接，着力推动知识内化和技能强化，注重价值引领的作用。其次，积极推动不同课程与思政课程之间内容的相互渗透，以实现思政课程显性教育与课程思政隐性教育的有机结合，将学科、专业以及思想政治教育融为一体，不断升华思想政治教育课的内容体系和学科水平，

[①] 沈壮海：《把准全面推进"大思政课"建设的关键点》，《人民教育》2022年第18期。
[②] 党波涛：《汇聚各方资源 提升育人实效 在社会生活中讲好"大思政课"》，《人民日报》2021年4月14日。

增强思想政治教育的协同效应，实现思想和价值的引领。最后，建立起思政课信息共享与交流平台，实现教学资源、教学经验、教学成果等的共享与交流。教师可以通过平台互相学习、借鉴优秀的教学方法和手段，提高教学质量；学生则可以获取更多的学习资源和信息，拓宽视野，增强学习效果。

（三）建好网络思政育人新平台

当前，建好网络思政育人新平台成为了顺应时代发展的需要。习近平总书记指出，"注重运用新时代伟大变革成功案例"，"不断拓展实践育人和网络育人的空间和阵地"[①]。一方面，互联网已经成为人们获取信息、交流思想的重要渠道。通过网络平台开展思想政治教育，可以更加便捷地传递思政内容，增强思政教育的时效性和覆盖面。另一方面，传统的思政教育方式往往局限于课堂教学，形式较为单一。而网络平台则可以利用多媒体、互动技术等手段，使思政教育更加生动、形象、有趣，激发学生的学习兴趣和参与度。

1. 构建育人大数据进行精准思政

构建育人大数据进行精准思政是对当前顺应数字技术发展的思政课创新，是对曾经思政课"大水漫灌"做法的改良。要结合大数据和网络信息发展及其应用发展，以及受教育者在大数据时代下呈现出的新特征和新诉求，构建其育人大数据，对受教育者进行精准思政教育。首先是要一体化搭建精准思政大数据平台。需要建立统一的数据标准和规范，实现多源数据的汇聚和整合，尤其要将学生的个人信息、学习行为、社交互动等数据进行整合，形成全面的学生数据画像。然后基于整合后的数据，利用机器学习、数据挖掘等技术，构建能够反映学生思想动态和行为特征的模型，用于预测学生的需求、兴趣和发展

---

① 习近平：《紧紧围绕立德树人根本任务　朝着建成教育强国战略目标扎实迈进》，《人民日报》2024年9月11日。

趋势，为精准思政提供科学的依据。其次是培养高校思政工作者大数据素养。思政工作者要增强大数据意识，充分认识到大数据在思政工作中的潜力和价值，以及大数据对于提升思政教育效果的重要性。高校也要定期组织大数据相关的培训课程，邀请专业人士为思政工作者进行授课。培训内容可以包括大数据基础知识、数据分析技能、数据可视化等方面，帮助思政工作者掌握大数据的基本方法和工具。最后是推动工作理念创新。坚持精心教育，要借助大数据技术，发挥大数据的预测功能，了解每个学生的成长需求和成才特色，用适宜的内容、适配的方法、适合的手段，对学生进行用心、细心、尽心的思想政治教育，因时、因地、因人、因事、因材施教。①

2. 整合网络媒体进行全平台传播

整合网络媒体进行全平台传播要做好特殊性和普遍性的结合。一方面加强学校相关资源平台建设，运用现代信息技术整合校内网络资源，依托校内的网络媒体平台，如官网、官方论坛、官方博客和官方短视频，形成全校师生共同参与内容生产的开放性媒体矩阵平台。另一方面用好互联网上的媒体平台，如微信公众号、微博、抖音、快手、B站、贴吧、知乎等普遍性的社交平台，进行全平台的思政传播，主要针对的就是全网络的师生。根据目标受众的需求和兴趣，制定有针对性的内容策略。内容形式要多样化，包括文字、图片、视频、音频等；并且内容具有原创性、价值性和吸引力，能够引起受众的共鸣和关注。社交媒体可通过分享、新闻报道、论坛讨论等多种方式，将内容推送给目标受众。另外，受众可通过评论、分享、点赞等方式参与互动，以此增强受众对网络思政的参与感，加强思政育人的效果，为后续的全平台传播策略提供有价值的参考，最终实现普遍性的网络思政育人。

---

① 钱云光：《大数据视域下高校思想政治工作精准化研究》，《学校党建与思想教育》2022年第17期。

3. 建立量化平台推动教育成效评估

成效评估的本质是价值判断，是结合主体、介体、环体等影响因素后对受教育者做出的综合性评价。[①] 要建立量化平台以推动教育成效评估，必须充分借助超级感知、大数据和人工智能等前沿信息技术，结合数据算法实现对教育成效动态的有效评估。首先是构建数据收集系统，将受教育者上思政课时的数据和教育者授课时的数据收集起来，利用现代技术手段对数据进行深入挖掘和处理。其次是建立量化分析模型。在收集到数据后，通过统计学、机器学习等方法，对数据进行处理和分析，得出量化评估结果。最后是开发量化评估平台。基于上述的数据收集系统和量化分析模型，进一步开发出量化评估平台，能够方便地对思政教育成效进行量化评估。

二、把培育和践行社会主义核心价值观融入国民教育体系

习近平总书记指出："实现我们的发展目标，实现中国梦，必须增强道路自信、理论自信、制度自信，'千磨万击还坚劲，任尔东西南北风'。而这'三个自信'需要我们对核心价值观的认定作支撑。"[②] 因此，要把培育和践行社会主义核心价值观融入国民教育体系，充分发挥社会主义核心价值观在国民教育和精神文明创建中的引领作用，为社会主义强国建设培养人才、贡献力量。

（一）重视文化涵育

中国特色社会主义根源于中华优秀传统文化，熔铸于革命文化和

[①] 潘云宽：《高校精准思政平台建设的价值、定位与实践进路》，《学校党建与思想教育》2022年第13期。

[②] 《习近平论党的青年工作》，中央文献出版社2022年版，第75—76页。

社会主义先进文化，为核心价值观提供源源不断的滋养。

1. 弘扬传统文化，为社会主义核心价值观提供精神滋养

传统文化是一个民族赖以维系的精神纽带，是一个国家共同的思想道德基础。社会主义核心价值观是当代中国精神的集中体现，凝结着全体人民共同的价值追求。对于二者之间的关系，习近平总书记深刻指出："中华优秀传统文化已经成为中华民族的基因，植根在中国人内心，潜移默化影响着中国人的思想方式和行为方式。今天，我们提倡和弘扬社会主义核心价值观，必须从中汲取丰富营养，否则就不会有生命力和影响力。"[①] 中华优秀传统文化为社会主义核心价值观的建设发展提供了文化根基，社会主义核心价值观在国家层面、社会层面、个人层面都能找到中华优秀传统文化的文化基因。[②] 因此，我们要善于弘扬和创新中华优秀传统文化，从中华优秀传统文化中汲取营养，发挥其立德树人的重要思想教育价值。

一要增进文化认同。文化认同是一个民族在长期共同发展中所形成的对本民族深层本质的肯定性认同，其核心是对一个民族的基本价值的认同。中华优秀传统文化是中华民族在历史长河中一以贯之的立身之本，激发文化自信，坚定认同社会主义核心价值观，将对文化的热爱转化为积极向上的社会动力就是要增进对中华优秀传统文化的认同。二要提升文化认知。中华优秀传统文化蕴含着讲仁爱、重民本、守诚信、崇正义、尚和合、求大同等价值观念，是高校教学育人的重要资源。[③] 要充分利用这一资源，积极引导学生全面认识和理解中华优秀传统文化，充分利用中华优秀传统文化培育兼济天下、崇德向善的精神力量。三要打造文化载体。将大数据、人工智能等现代信息技

---

① 习近平：《论教育》，中央文献出版社2024年版，第54页。
② 冯志根、胡小强：《涵育社会主义核心价值观的文化逻辑》，《学校党建与思想教育》2018年第23期。
③ 宋建晓：《以文润心，提升文化的育人功能》，《人民日报》2023年6月21日。

术与思政课结合，促进中华文化的创新发展；建立中华优秀传统文化网络教育平台，培育核心价值观，实现多元传播，推动中华优秀传统文化融入社会发展和社会生活各方面。用文化涵养品格，用文化提振人心。

2. 传承革命文化，为社会主义核心价值观提供理想信念

革命文化在立德树人、培养社会主义的建设者和接班人方面发挥着不可替代的作用，其中蕴含的实现国富民强、民族解放、舍身忘我、公而忘私等奋斗目标为社会主义核心价值观注入了精神力量。习近平总书记指出："革命传统教育要从娃娃抓起，既注重知识灌输，又加强情感培育，使红色基因渗进血液、浸入心扉，引导广大青少年树立正确的世界观、人生观、价值观。"[1] 在现今多元文化交织的形势下，必须传承和弘扬革命文化，使社会主义核心价值观的宣传阐释更有说服力，更加深入人心。

要加强革命文化教育。革命文化是在中国共产党的领导下为了挽救民族危亡、追求民族复兴而形成的辉煌独特的文明成果，蕴含着丰富的思想道德资源。加强革命文化教育，能够使更多人接受红色文化的熏陶，与社会主义核心价值观的要求相向而行。加强革命文化教育，首先要加强革命历史教育。中国无数仁人志士甘愿抛头颅、洒热血，其中就蕴含着中国人民对于国家富强、民族自由、个体解放的不懈追求。其次要加强革命理想信念教育。"革命理想大于天"，理想信念是一个民族立于世界之林的精神支撑。中国革命格外艰难，反动势力格外强大，革命想要胜利没有坚定的理想信念支撑是不行的。革命理想信念教育本身就是社会主义核心价值观的具化，二者同根同源，又目标一致。因此要通过加强革命文化教育提升理想信念教育育人功能，让社会主义核心价值观内化于心、外化于行。

---

[1] 习近平：《论教育》，中央文献出版社2024年版，第112页。

要构建弘扬革命文化协同机制。社会主义核心价值观深入人心不是一个短期工程，需要形成协同促进机制。从政府来讲，要加强顶层设计、规范引导和制度支持，牵头整合各地的革命文化资源，搭建革命文化教育基地和展示平台；设立专项基金，树立更多时代英模和劳模，充分发挥革命文化中榜样的导向和示范作用。从学校来讲，学校应将革命文化教育纳入课程体系，通过课堂教学、实践活动等多种形式，让学生深入了解革命历史和文化；组织学生参与革命文化资源的实地考察和研究，让学生亲身体验革命历史的厚重。从社会来讲，媒体应加强对革命文化的宣传力度，通过新闻报道、专题节目等多种形式，让更多的人了解革命文化；建立公众互动平台，让公众能够分享自己的革命文化学习心得和体验，形成全民参与、共同弘扬革命文化的良好氛围。

3. 发展先进文化，为社会主义核心价值观的形成与发展提供载体

先进文化必须在深层次上涵养和厚植社会主义核心价值观，只有这样才能鼓舞人心、激扬优秀品格，具有强大的渗透力和感召力，为建成教育强国发挥强大的思想引领力，培养强大的人才竞争力。社会主义核心价值观是先进文化的凝练表达，发展先进文化就是为社会主义核心价值观的传播和发展搭建载体。

先进文化作为时代精华和民族精神的体现，具有强大的凝聚力和感召力，能够引导人们树立正确的价值观念，塑造积极向上的社会风尚。因此要发挥先进文化的引领作用，创新先进文化的表现形式，强化育人阵地内容建设，以社会主义先进文化、革命文化和中华优秀传统文化为统领，分学段有序融入思想政治教育，使学生在真信、真行中充分吸收和践行真、善、美的价值取向。要坚持不懈用习近平新时代中国特色社会主义思想铸魂育人，着力加强社会主义核心价值观教育，引导学生树立坚定的理想信念，永远听党话、跟党走，矢志奉献国家和人民，在实现中华民族伟大复兴中国梦的伟大征途中激扬青春梦想，致力于实现核心价值观中国家层面的宏伟目标。

（二）注重实践养成

习近平总书记指出："一种价值观要真正发挥作用，必须融入社会生活，让人们在实践中感知它、领悟它。"① 社会主义核心价值观要成为人们的行动自觉和行为规范，必须要同生产生活实践、个人成长发展历程紧密结合。具言之，就是要从大处着眼，小处着手；虚事实做，联系实际；全面协调，重点突出。

1. 大处着眼，小处着手

把社会主义核心价值观融入国民教育体系，要从大处着眼，小处着手。从大处着眼，要求我们从战略性的高度认识社会主义核心价值观融入社会发展各方面的重要性，从而增强把社会主义核心价值观融入社会发展各方面的自觉性、主动性。② 习近平总书记指出："核心价值观，其实就是一种德，既是个人的德，也是一种大德，就是国家的德、社会的德。"③ 这意味着社会主义核心价值观是每个人都必须自觉履行的思想道德义务，也是凝聚中国精神和中国力量的思想道德基础。一个国家如果没有共同信仰的核心价值观，就会各行其是，难以拧成一股绳，无法前进。因此必须将社会主义核心价值观教育摆在国家战略高度，与时代特征紧密结合，把握时代脉搏，使之成为引领时代发展的精神旗帜；必须坚持问题导向，完善规章制度，深入分析社会思潮和价值取向的多元化趋势，为应对各种挑战提供制度支撑。

小处着眼，就是要将社会主义核心价值观教育落细落小落实。如

---

① 习近平：《把培育和弘扬社会主义核心价值观作为凝魂聚气强基固本的基础工程》，《人民日报》2014年2月26日。
② 中央党校习近平新时代中国特色社会主义思想研究中心：《把社会主义核心价值观融入社会发展各方面》，《解放军报》2018年12月7日。
③ 习近平：《论教育》，中央文献出版社2024年版，第51页。

春风化雨，化作民风、乡风、家风，润物无声，日用而不觉。再崇高的道德准则，如果缺乏化大为小的传承播撒，也只是空洞的理念；再恒远的价值目标，如果没有每个人的奋力以求，也会变得遥不可及。① 不能让学生成为接受价值观灌输的"容器"，不能把开会、课堂讲述、文艺表演形式化，不能让学生认为这些形式就是实践社会主义核心价值观，否则势必让学生难以产生真正的价值认同，难以为学生解决复杂问题提供可行的帮助和指导。因此在核心价值观的教育过程中，必须力避大而无当，大而化之，在落细落小落实上发力。

2. 虚事实做，联系实际

道不可坐论，德不能空谈。于实处用力，从知行合一上下功夫，核心价值观才能内化为人们的精神追求，外化为人们的自觉行动。② 社会主义核心价值观教育面临的一个重大难题是如何把口头教育转化为"日用而不觉"的言行准则。精神文明建设虽然难以量化，但这并不意味着就可以以口号落实口号、以文件落实文件。空洞的宣传或是苍白的灌输容易使教育培养出机械的盲从者，使学生的主动性减弱而依从性增强，这样学到的不是沉甸甸的生活智慧，而是枯萎的道德语言符号和知识气泡。③

于实处用力，在知行合一上下功夫，这是用社会主义核心价值观铸魂育人的基本要求。一方面，要联系实际、贴近实际，形成情感共鸣和道德自觉。学习者立足现实生活世界，直面真实问题，而不是"走形式"。在问题解决过程中，不断进行价值选择和价值判断，自觉建构价值观实践的意义。④ 这样才能发挥社会主义核心价值观对国民教

---

① 本报评论员：《小处着手，人人可为》，《人民日报》2014年4月16日。
② 习近平：《青年要自觉践行社会主义核心价值观——在北京大学师生座谈会上的讲话》，《人民日报》2014年5月4日。
③ 高德胜：《论现代知性德育与生活的割裂》，《思想·理论·教育》2003年第4期。
④ 蒋慧芳、曾文婕：《社会主义核心价值观教育的深化之路：实践养成的视角》，《教育科学研究》2021年第9期。

育的引领作用，推动其与社会发展各方面相结合，转化为人们的情感认同和行为习惯。另一方面，要以具体的行动实践促发价值自觉。搭建以社会主义核心价值观铸魂育人的实践平台，引导学生参加交互式实践活动，如通过邀请榜样人物演讲、参观红色革命纪念馆、鼓励参加志愿活动等方式丰富道德体验，在实践教育中将真情实感转化为价值自觉，从而实现社会主义核心价值观的内在认同和外在践履。

3. 全面协调，重点突出

把社会主义核心价值观融入教育体系要注重全面协调。不仅要构建家庭、学校、社会"三位一体"的教育体系，而且要对不同年龄段的青少年采取有针对性的教育。注意不同主体核心价值观养成的阶段性，应把握其各阶段的心理、思想发展规律，采取符合其学习能力、行为特点的教育模式，如课堂讲授、邀请模范演讲、文艺演出、社会调查、实践实习等，把社会主义核心价值观融入国民教育体系作为一个系统工程，推动社会主义核心价值观教育覆盖全范围、全阶段，切实负起责任，协调一致，增强社会主义核心价值观教育的时效性。

把社会主义核心价值观融入教育体系要实现重点突出，抓住学校教育这一关键。学校不能为了应付上级检查，把核心价值观教育当作表面工程，平时不作为，在检查前要求学生进行价值观"表演"，甚至发出"社会主义核心价值观教育就像一阵风，过去就过去了"[1]的议论，因为养成新的行为方式和道德品质不可能一蹴而就，只能在反复强化中完成。要统筹推进育人方式、办学模式、管理体制、保障机制改革，推进大中小学思政课一体化改革创新，推动社会主义核心价值观学校教育一以贯之。只有经过反复强化，行为表现、思想认识、价值观念才能转化为人们持守社会主义核心价值观的内在动力和精神指南。[2]因

---

[1] 石中英：《社会主义核心价值观教育不能是一阵风》，《人民教育》2015年第23期。
[2] 王娜、金昕：《社会主义核心价值观实践养成的内在逻辑与关键点位》，《思想理论教育》2021年第4期。

此，对学校社会主义核心价值观教育的评估，不能像一阵风一样刮过不留痕，而是要持续关注，进行全过程的可持续评价。

（三）完善制度保障

制度是社会主义核心价值观融入社会治理各领域各环节的重要保障，能够形成科学有效的激励和约束机制，促进全体人民在思想上、行动上认同和践行社会主义核心价值观，推动社会和谐稳定和持续健康发展，为实现中华民族伟大复兴的中国梦提供坚实的制度支撑。

1. 健全践行社会主义核心价值观的制度保障体系

人类社会发展经验表明，制度与价值观相互作用、相互影响。制度是社会主义核心价值观的载体，社会主义核心价值观是制度之魂。[1] 因此，把社会主义核心价值观融入国民教育体系，不仅需要重视文化涵育、注重实践养成，还要依靠制度巩固和强化其承载的价值观。

要完善弘扬社会主义核心价值观的法制体系。早在2018年，"倡导社会主义核心价值观"就已经写入宪法。这表明，弘扬社会主义核心价值观要加强法制建设。这不仅要让立法体现社会主义核心价值观的要求，遵循其价值指向，而且要通过立法明确社会主义核心价值观的目标、任务、要求和实施路径。通过法律法规的形式，为社会主义核心价值观融入国民教育体系提供法制保障。

要完善弘扬社会主义核心价值观的政策体系。政策是对法律的有效补充，有利于因地制宜，根据实际情况，落实社会主义核心价值观的教育和践行。要鼓励学校设立行为准则，将社会主义核心价值观融入其中，使其成为学生日常行为准则。要建设青少年社会主义核心价值观教育基地，紧密沟通学校与社会、课堂与课外、校内导师和校外导师，让社会主义核心价值观滋润祖国花朵茁壮成长的源泉充分涌流。

---

[1] 秦宣：《培育和践行社会主义核心价值观的制度保障》，《思想教育研究》2015年第2期。

要从制度上保证社会主义核心价值观融入教育的全过程。培育和践行社会主义核心价值观是国民教育的基本任务，这需要制度的引导、规范和约束。这就要建立覆盖所有平台的长效机制，落实到教育教学的每个环节，贯穿于基础教育、高等教育、职业技术教育、成人教育各领域，融入学习守则、班级公约、寝室规章等制度建设中。

2. 加强践行社会主义核心价值观宣传教育的制度保障

要加强新闻媒体的制度化管理。一方面要完善新闻媒体的审核机制。对所有发布的新闻内容进行把关，为社会营造积极的文化氛围和环境，防止出现恶意传播、虚假报道和低级趣味的新闻内容，消除影响青少年成长的杂音。制定明确的审核标准，对新闻内容的真实性、客观性、公正性、导向性进行评判；实施严格的审核流程，对于重要新闻或涉及敏感话题的新闻，应进行严谨细致的审核，确保新闻内容的质量和传播效果，为弘扬社会主义核心价值观提供有力支持。

依法加强对网络社区的引导。网络社区是宣传社会主义核心价值观的重要阵地，是主流媒体宣传的重要补充，在将核心价值观形象化、大众化方面能够发挥重要的"骑兵"作用。一方面，要创新网络思政教育，利用新媒体技术打造更多网络文化精品。另一方面，要加强网络社区监督。规范网络秩序，清朗网络环境，牢牢掌握意识形态工作领导权和话语权，使网络成为培育和践行社会主义核心价值观的新型平台。

3. 完善践行社会主义核心价值观的制度执行机制

完善制度执行理念。完善制度执行理念有助于确保社会主义核心价值观的深入人心和有效贯彻。制度执行理念是制度执行的先导，它直接影响着制度执行的效果。科学合理的制度执行理念能够引导人们积极主动地践行社会主义核心价值观，从而使其入脑、入心、入行。完善制度执行理念要强调责任和担当。各级组织和个人应充分认识到自己在制度执行中的职责和使命，积极履行职责，勇于担当责任，确保社会主义核心价值观的主旋律在社会中高高飘扬。

强化制度执行能力。习近平总书记指出："一种价值观要真正发挥作用，必须融入社会生活，让人们在实践中感知它、感悟它。要注意把我们所提倡的与人们日常生活紧密联系起来，在落细、落小、落实上下功夫。"①细节决定成败，越是伟大艰巨的事业，越要从细微处着手，在落细上下功夫。要把社会主义核心价值观细化到村规民约、行业守则、学校规章中去，使人们日用而不觉。落小，就是要从大处着眼，从小处着手。一是要从小抓起，从娃娃抓起，推动社会主义核心价值观进学校、进课程、进教材；二是要从小事做起，崇德向善、敬业奉献、诚实守信、孝老爱亲，善行不论大小，为建设"大同"社会贡献自己的每一份力量。落实，就是在落细、落小的基础上抓实、再抓实。②践行社会主义核心价值观不是口号，需要身体力行。空有制度，不去落实也是镜花水月。

（四）强化教育引导

培育和践行社会主义核心价值观的基础是教育引导。"青年的价值取向决定了未来整个社会的价值取向，而青年又处在价值观形成和确立的时期，抓好这一时期的价值观养成十分重要。"③因此，必须坚持用社会主义核心价值观铸魂育人，不断增强青年实现共同梦想的信心。

1. 把培育和践行社会主义核心价值观落实到推进教育治理体系和治理能力现代化中

加强课堂教学工作。根据不同年龄段青少年的心理特点和认知水平，以社会主义核心价值观为主线，构建"大思政课"体系，充分利用好小学的生活与品德课、初中的思想道德课、高中的思想政治课、

---

① 《习近平谈治国理政》第1卷，外文出版社2018年版，第165页。
② 王秀华：《培育和践行核心价值观重在落细落小落实》，《人民日报》2014年5月21日。
③ 习近平：《论教育》，中央文献出版社2024年版，第56页。

大学的思想政治理论课等。①通过课程学习、社会实践，将社会主义核心价值观融入课程设置、教学方法中，引导青少年树立正确的世界观、人生观、价值观，使社会主义核心价值观入脑、入心。

深化教育领域综合改革。将学校发展同核心价值观导向有机统一，坚持"立德树人，教育为本"的教育主线，不仅要传授科学知识，还要注重培养学生的品德和价值观。超越传统的以分数为主的评价方式，优化教育评价体系。坚持以改革激发内在发展动力，更加注重增强改革系统性、整体性、协同性，建立以社会主义核心价值观为评价标准的学生综合素质评价体系，鼓励学生在道德、文化、创新等方面的全面发展。

把社会主义核心价值观融入校园文化。良好的校园文化能够潜移默化地影响人。要将校园文化有形化，使核心价值观可触摸可感知。利用校纪校规、班服班徽、校园广播、横幅口号等，将社会主义核心价值观融入校园的每一个角落，使之像空气一样随处可闻。

2. 在传道授业解惑中强化核心价值观的引导

在"传道"中带头践行核心价值观。传道是师者本职，不仅要传知，更要育人。教师是中国先进文化的传播者、中国共产党执政的坚定支持者、学生人生道路上的引路人，肩负着培养德智体美劳全面发展的社会主义建设者和接班人的重任。必须"要率先垂范，给学生心灵埋下真善美的种子，引导学生扣好人生第一粒扣子，成为学生立志为祖国奉献为人民奉献的引路人"②。只有自身对社会主义核心价值观真学、真懂、真信，才能有效发挥示范作用，在学生面临重大选择时答疑解惑，实现人生价值。

在"授业"中培育核心价值观。课堂是弘扬和培育核心价值观的

---

① 李卫红：《用社会主义核心价值体系教育引导青少年健康成长》，《中国教育报》2012年11月8日。
② 别荣海：《修身立德传道树人》，《红旗文稿》2021年第8期。

主阵地，德师能够在一言一行、授业解惑的过程中使核心价值观滋润学生的心田，上好人生的第一课。因此，教师要引导学生正确认识世情国情，培养道路自信、理论自信、制度自信、文化自信，在中华优秀传统文化中汲取奋进力量。培养"先天下之忧而忧，后天下之乐而乐"的爱国情怀，"功崇惟志，业广惟勤"的敬业精神，"不宝金玉，而忠信以为宝"的诚信精神，"鞠躬尽瘁，死而后已"的奉献精神。

在"解惑"中引导核心价值观。解惑是教书育人的重要环节，要在解惑中强化对核心价值观的认同，成为学生的指路人。[①] 在解答学生生活、学习上的困惑时，要注重个体差异，坚持因材施教。把准每位学生最关心的重点，运用他们善于理解和易于接受的方式给予指导。要创新授课模式，充分利用学生依赖新媒体平台的特点，用故事吸引人，用道理说服人，用情感打动人，使社会主义核心价值观成为发自内心的情感认同。

3. 不断深化对社会主义核心价值观的研究阐释和宣传解读

深化核心价值观研究阐释。对社会主义核心价值观的阐释越细致越准确，核心价值观就越能发挥凝心聚力的作用，越能增强民族文化自信和价值观自信。随着全球化的深入和新媒体平台的兴起，社会环境日益复杂，社会思潮日益多元，如何推动核心价值观深入人心，自觉践行全国各族人民共同认同的核心价值观，呼唤着对核心价值观的深刻理解和准确阐述。

深化核心价值观宣传教育。一方面要从灌输式教育向体验式教育转变。灌输式教育强调知识的单向传递和强制接受，忽略了学生的主体地位和主动性。要提升学生在学习核心价值观的过程中的体验感和主动性，其一要利用公众号、微博、微信等新媒体增强互动性和趣味性；其二要加强实践引领，打造精品校园活动，将核心价值观融入学

---

① 唐平秋：《培育核心价值观是教师的责任担当》，《光明日报》2015年3月28日。

生乐于接受的校园文化中。另一方面要从"独白"式宣传到"对话"式宣传转型。要"采取丰富多彩的对话方式，消弭对立情绪，拉近传播主体和传播客体之间的距离，形成情感共鸣，从根本上提升传播效果"[1]。要坚持平等对话，深入了解青年的心理现状和内在诉求，使核心价值观更加贴近受众的实际需求。消除误解和偏见，使受众在理解和认同的基础上，将社会主义核心价值观内化于心、外化于行。

三、培养德智体美劳全面发展的社会主义建设者和接班人

从历史与现实的维度审视，任何国家、任何社会，教育始终是维护其政治统治与社会稳定不可或缺的基本手段。"培养什么人，是教育的首要问题。……从历史和现实的角度看，任何国家、任何社会，其维护政治统治、维系社会稳定的基本途径无一不是通过教育。"[2]我国作为社会主义国家必须把培养社会主义建设者和接班人作为根本任务，培育一代又一代坚定拥护中国共产党领导、矢志不渝为中国特色社会主义事业奋斗终身的杰出人才。而培养社会主义建设者和接班人的过程绝非坦途，它是一项需历经艰辛、付出不懈努力才能达成的使命，关键是要做好以下三个方面的工作。

（一）在厚植爱国情怀上下功夫

致力于深化学生的爱国主义情怀，通过教育启迪他们树立服务人民、报效国家的志向，在学生心灵深处播种爱国情怀的种子，使之成长为对国家和民族怀有深厚情感与坚定信念的栋梁之才。唯有如此，

---

[1] 叶南客：《创新社会主义核心价值观的传播方式》，《光明日报》2018年2月14日。
[2] 习近平：《在全国教育大会上的讲话》，《人民日报》2018年9月10日。

方能孕育出真正胜任的社会主义建设者和接班人。

1. 培养爱国之情

"在中华民族几千年绵延发展的历史长河中，爱国主义始终是激昂的主旋律，始终是激励我国各族人民自强不息的强大力量。"[1]我们必须传承基因、赓续荣光，坚持和发扬爱国之情，才能更好地激荡青年树立远大理想，推动爱国主义精神在青年心中牢牢扎根。

让爱国主义情怀激荡精神力量。"人无精神则不立，国无精神则不强。精神是一个民族赖以长久生存的灵魂，唯有精神上达到一定的高度，这个民族才能在历史的洪流中屹立不倒、奋勇向前。"[2]中华民族之所以能够历经五千年岁月而延续至今，形成生生不息的历史文化传统，就是因为强烈的爱国之情促进了华夏大地上各民族之间的团结与统一，激发了一代又一代中华儿女为了祖国的繁荣发展而持续不懈奋斗的决心与斗志。当前，面对中华民族伟大复兴战略全局和世界百年未有之大变局，国内外发展环境发生深刻变化，思想困惑与价值冲突已经成为新时代必须面对的新挑战、新命题。在此背景下，弘扬爱国主义精神、培养爱国主义情怀，对于振奋民族精神、凝聚全民族力量，具有重大而深远的意义。

让爱国主义精神在学生心中牢牢扎根。新时代的爱国主义教育具有广泛、深入且持久的特性，它不仅面向全党全民全社会，还特别强调了对广大青少年的重点教育和培养。党的十八大以来，习近平总书记高度重视青少年的爱国主义教育问题，曾多次通过各种形式与青年交流，希望当代青年坚定理想信念，扣好人生的"第一粒扣子"，主动"把自己的理想同祖国的前途、把自己的人生同民族的命运紧密联系在一起，扎根人民，奉献国家"[3]。青少年是民族希望、国家未来，是践行

---

[1] 《习近平谈治国理政》第1卷，外文出版社2018年版，第58页。
[2] 习近平：《在纪念红军长征胜利80周年大会上的讲话》，人民出版社2016年版，第9页。
[3] 习近平：《在北京大学师生座谈会上的讲话》，《人民日报》2018年5月3日。

中国特色社会主义道路的实干者，是实现中华民族伟大复兴的后备军，是完成中国特色社会主义事业的继承者。只有青少年拥有了深厚的爱国之情，具有了笃定的强国之志，具备了坚定的报国之行，中国特色社会主义才能行稳致远。

2. 砥砺强国之志

习近平总书记在庆祝中国共产党成立100周年大会上强调："新时代的中国青年要以实现中华民族伟大复兴为己任，增强做中国人的志气、骨气、底气，不负时代，不负韶华，不负党和人民的殷切期望！"[①]青年一代有理想、有担当，国家就有前途，民族就有希望。砥砺强国之志，把培育社会主义核心价值观教育融入国民教育体系，在前行之路上不断激励青年为中华民族伟大复兴而奋斗。

强国之志就是为中华民族伟大复兴而奋斗。志气，是一个人一生的奋斗之基和力量之源，不仅关系到个人成长成才，而且关乎民族复兴和国家繁荣。中国人的志气是扎根于中国人灵魂深处的坚定理想信念和远大精神追求。[②]"广大青年要爱国爱民，从党史学习中激发信仰、获得启发、汲取力量，不断坚定'四个自信'，不断增强做中国人的志气、骨气、底气，树立为祖国为人民永久奋斗、赤诚奉献的坚定理想。"[③]新时代，强国之志有新的时代内涵，那就是以长志气、硬骨气、蓄底气的姿态，在新的征程上奋力奔跑，做理想远大、信念坚定的典范，为实现中华民族伟大复兴而赓续奋斗。

强国之志是一个国家、一个民族勇往直前的强大驱动力。正如古语所言，"立志而圣则圣矣，立志而贤则贤矣"，立志是事业成功的基石。"青年理想远大、信念坚定，是一个国家、一个民族无坚不摧的前

[①] 习近平：《在庆祝中国共产党成立100周年大会上的讲话》，人民出版社2021年版，第21页。

[②] 徐俊、潘楚阳：《青年增强做中国人的志气、骨气、底气的逻辑进路》，《安徽农业大学学报（社会科学版）》2023年第2期。

[③] 习近平：《论党的青年工作》，中央文献出版社2022年版，第236页。

进动力。青年志存高远,就能激发奋进潜力,青春岁月就不会像无舵之舟漂泊不定。"[1] 新时代的强国之志呼唤着广大中国青年坚定信念、勇担使命,在民族复兴的征途上奋勇向前,用青春的智慧和汗水共同建设一个更加繁荣的中国。在伟大志向的引领下,中华民族伟大复兴的中国梦必将在广大青年的不懈奋斗中逐步变为现实。

3. 实践报国之行

爱国主义是具体而非抽象的。爱国主义教育既要重知,更要重行。爱国并不是简单地喊口号,而是要体现在具体的行为实践中,其最终目的是要做到知行合一,将各民族人民尤其是青少年的爱国情怀转化为担当使命、服务人民的奉献行为。

牢记使命、勇于担当,引领"报国行"。当代青年正置身于一个前所未有的新时代,这既是近代以来中华民族最为繁荣发展的时期,也是实现民族复兴伟业最为关键的阶段。因此,新时代的中国青年既迎来了千载难逢、建功立业的宝贵机遇,也肩负起了"天将降大任于斯人也"的历史使命。责任呼唤担当,使命引领未来。一代人有一代人的长征路,一代人有一代人的使命担当。新时代,青年要以"功成不必在我,功成必定有我"的担当境界,以时不我待、只争朝夕的精神,迎着中华民族伟大复兴的光明前途,引领报国之行。

练就过硬本领,以真才实学服务人民。要"求真学问,练真本领","通过学习知识,掌握事物发展规律,通晓天下道理,丰富学识,增长见识。……更好为国争光、为民造福"[2]。一个人自身能力素质的高低决定了他爱国能力的大小,不仅要做到真爱国,更要做到能爱国,这就要求新时代青少年要练就过硬本领,加强自身各方面能力,以真才实学更好地服务广大人民群众。"非学无以广才,非志无以成学。"成长成才没有捷径,唯有通过不懈的学习与实践,真正掌握知识

---

[1] 习近平:《在纪念五四运动100周年大会上的讲话》,《人民日报》2019年4月30日。
[2] 习近平:《论党的青年工作》,中央文献出版社2022年版,第149页。

与技能，深刻领悟事物的本质与真理，才能不断提升自我，增强能力，最终成为能够肩负重任、有所作为的人才。在当今日新月异的发展下，知识更新迭代的速度不断加快，增长见识、丰富学识、增强本领，可以说是一辈子的功夫，这就要求青少年将学习视为首要任务，视其为一种不可或缺的责任、一种高尚的精神追求以及一种积极的生活方式。

（二）在增强综合素质上下功夫

"要在增强综合素质上下功夫。……要教育引导学生培养综合能力，培养创新思维"[1]。新时代培养社会主义建设者和接班人，我们的教育不仅要以爱国主义精神激发奋斗动力，更要以综合素质书写精彩人生，努力实现德智体美劳的总体要求。

1. 综合素质是历史性与现实性的统一

在一定时期内，一个人的综合素质是相对稳定的；但人的素质不是天生的，也不是一成不变的，而是可以在后天实践中逐渐获得和培养的，也就是可以通过教育来改变和提高的，是历史性与现实性的统一，是多重维度的统一。

综合素质是一种系统性的能力结构，知识的积累、见识的加深拓展是综合素质的基础性要素之一。[2]一是要增强思维能力与身心素质。思维能力是一个人对问题本质的识别能力，是一种思考和处理问题的能力。一个人只有具备了丰富的知识储备，才有可能进一步拥有开阔的视野，才有可能进一步提升各方面素养。知识水平与思维能力是互促的两个发展过程，二者相辅相成、相互提升。在增强知识思维能力的同时，也要注重身体和心理的健康，具备良好的身心素质才能更好地增长知识、训练思维。二是要协调个性发展与职业素质。个性发展与职业素质也是综合素质非常重要的构成要素。每个人在追求自身个

---

[1] 习近平：《在全国教育大会上的讲话》，《人民日报》2018年9月10日。
[2] 周利生：《深刻理解和把握增强综合素质的科学要义》，《光明日报》2021年1月2日。

性化发展的同时，也必须注重职业素质的培养，掌握职业所需的专业知识、专业技能和专业能力等。协同专业素质与品德修养。"专业素养是专业知识、专业能力、专业作风、专业精神的统一，而不仅仅是专业对口那么简单。"① 提升专业素质，是增强综合素质的基础性要求。同时，"人无德不立"，一个具备优良品德修养的人，才能说是人格完善的人，才是具备优秀性格和气质的人，才是合格的新时代所需的社会主义建设者和接班人。

2. 培育和增强社会主义建设者和接班人的综合素质

增强社会主义建设者和接班人的综合素质是实现其自身全面发展的前提和基础。一个人综合素质的高低直接影响个人的能力大小、社会关系的发展及人的个性发展程度。另外，一个人适应自然和社会的能力、合作能力、交流沟通能力等，无一不是建立在综合素质之上的。

提升社会主义建设者和接班人的综合素养，是国家发展与民族复兴不可或缺的必要条件。"现代化的本质是人的现代化"②。人才兴则民族兴，人才强则国家强。当前，全球新一轮科技革命和产业革命蓬勃兴起，世界各国争先抢占发展机遇，对人才的渴求达到新的高度。要想进一步推动国家发展、促进民族复兴，归根到底要靠高水平人才、靠新时代高素质社会主义建设者和接班人。综合素质是历史性与现实性的统一，其协调个性发展与职业素质、增强知识思维与身心素质、协同文化素质与品德修养，是对高素质人才提出的高标准要求。"培养造就大批德才兼备的高素质人才，是国家和民族长远发展大计"③。新时代的青年，作为当前社会发展的生力军与推动者，以及实现中华民族伟大复兴中国梦的积极构筑者与最终实现者，其综合素质的提升将更

---

① 习近平：《在党的十八届六中全会第二次全体会议上的讲话》，《求是》2017年第1期。
② 《十八大以来重要文献选编》（上），中央文献出版社2014年版，第594页。
③ 习近平：《高举中国特色社会主义伟大旗帜　为全面建设社会主义现代化国家而团结奋斗——在中国共产党第二十次全国代表大会上的报告》，人民出版社2022年版，第36页。

有效地促进其发挥先锋引领作用，从而更好地激励广大民众投身强国建设、民族复兴的伟大事业。

3. 构建德智体美劳全面培养的教育体系

党的二十届三中全会指出："推进大中小学思政课一体化改革创新，健全德智体美劳全面培养体系。"增强当今社会主义建设者和接班人的综合素质是一项系统性工程，需要统筹规划、多方出力、久久为功。具体来说，我们要构建德智体美劳全面培养的教育体系，以立德树人、形成学习型社会、发展素质教育为着力点，真正促进青年学生综合素质不断提高，实现人的全面发展。

一是坚持对时代新人的德育培养。做人是做学问、干事业的前提。如果一个人没有良好品德，掌握再多知识也无法成为优秀人才，也无法成长为为中国特色社会主义事业奋斗终身的有用人才。这就更加要求我们把立德树人摆在突出位置，在"五育并举"中更加重视德育的培养，尊重教育发展规律，始终强调人的德行成长。二是坚持建设学习型大国。构建服务全民终身学习的教育体系，形成全民学习、终身学习的学习型社会，是确保中国特色社会主义道路稳步发展、实现中华民族伟大复兴的关键所在。学习型社会要求实现"人人皆学、处处能学、时时可学"，实现为全民提供学习支撑和学习机会，具体表现为全民学习、终身学习两个方面。针对全民学习，重点在于通过各类具体性实践活动，在全社会营造一种浓厚的学习氛围。针对终身学习这一目标，我们可以特别关注老年人、青少年等关键群体。对于老年人，可以重点推行"智慧助老"等学习活动，帮助他们跟上时代步伐；而对于青少年，则要注重引导他们养成良好的阅读习惯，为终身学习打下坚实的基础，推动全年龄段的终身学习。

（三）在培养奋斗精神上下功夫

"奋斗是青春最亮丽的底色。"在培养奋斗精神上下功夫，首先要解决"为什么"奋斗和"为谁"奋斗,在此基础上,增强青年奋斗之能,实践奋斗之行,成就出彩人生。

1. 在解决"为什么"奋斗上下功夫

培养新时代青年人为党和人民奋斗终身的坚定政治理想,是培养社会主义建设者和接班人的前提条件。只有当每个社会公民都以此为己任,肯为祖国奉献、能为人民奋斗,才能做到坚定正确方向,在奋斗的路上不偏不倚、行稳致远。

奋斗精神是中华民族最宝贵的精神财富、最丰沛的精神力量。历史无数次向我们证明,奋斗精神是青年一代宝贵的精神食粮,是推进青年一代践行伟大事业的精神动力。只有让奋斗精神照亮新时代的前进之路,我们才能创造更加美好的生活,才能使全体人民始终团结一心、同舟共济,才能实现中华民族伟大复兴。[①]100多年前,一群满怀热血的中国新青年,高举着马克思主义的璀璨思想火炬,以无比激昂的斗志,点燃了"以青春之力铸就青春中国、青春民族"的熊熊火焰,从而拉开了觉醒年代那波澜壮阔的历史序幕。新时代背景下,如果没有牢不可破的理想信念,没有崇高理想信念的有力引领,坚信中国道路、坚守价值追求、坚定文化自信是难以维系的,不断克服各式各样的困难、始终保持昂扬的奋斗精神是难以办到的。党的百余年奋斗历程充分彰显了中国共产党成就伟大事业的动力系统之完善和强大,未来要继续成功,必须在维护这个动力系统上下功夫,在压力挑战中强化推动力、把理想信念转化为引领力、在攻坚克难中展现坚韧力,将党的伟大奋斗精神凝聚成锐不可当的前进动力。只有这样,才能使奋斗精神成为驱动中华民族迈向伟大复兴的磅礴力量,才能交出令党和人民满意的答卷。

---

① 韩振峰:《伟大民族精神是中国发展进步的强大动力》,《红旗文稿》2020年第14期。

2. 在明确"为谁"奋斗上下功夫

坚持正确的价值取向，明确"为谁"奋斗。"前进征程上，我们要坚持中国共产党领导，坚持人民主体地位。"[①] 近代以来的历史无一不表明人民群众才是历史的创造者，只有一切为了人民、一切依靠人民，只有坚持人民主体性地位，才能凝聚实现中华民族伟大复兴的主体力量，才能紧紧抓住奋斗的价值取向。

奋斗精神是时代和国情的要求。从历史经验和实践经历来看，奋斗精神不是一天炼成的，是在漫长的历史实践中传承和发扬的。从威武不能屈，到粉身碎骨浑不怕，再到近代中国革命的胜利、现代改革的推进都是靠奋斗拼出来、干出来、闯出来的。当前，为实现"两个一百年"奋斗目标和中华民族伟大复兴的中国梦，为人民谋幸福，我们正在进行具有许多新的历史特点的伟大斗争，坚决战胜前进道路上各种困难和挑战，就一定能为伟大奋斗精神增添新的时代内涵。

以奋斗成就出彩人生。"那些在劈波斩浪中开拓前进的青春担当，那些在披荆斩棘中开辟天地的青春奋斗，那些在攻坚克难中创造业绩的青春奉献，终将成为人生的宝贵财富，汇成时代的无限精彩。"[②] 一代人有一代人的长征，一代人有一代人的使命担当，在实现中华民族伟大复兴的道路上，对于每个青年人来说都必然既有机遇又有挑战。"越是伟大的事业，越是充满挑战，越需要知重负重。"[③] 面对艰难险阻、惊涛骇浪，需要时代新人发扬奋斗精神，保持越是艰险越向前的果敢坚毅，勇立时代潮头，争做时代先锋，在奋斗路上扬起人生理想的风帆，在民族复兴路上成就自我，以中流击水的劲头、以梦为马的激情，使

---

① 习近平：《在庆祝中华人民共和国成立70周年大会上的讲话》，人民出版社2019年版，第2页。
② 本报评论部：《靠奋斗扬起人生理想的风帆（人民观点）——谱写新时代的青春之歌》，《人民日报》2022年4月29日。
③ 《习近平关于社会主义精神文明建设论述摘编》，中央文献出版社2022年版，第169页。

奋斗成为实现梦想的阶梯、走向未来的桥梁。

3. 在践行奋斗精神上下功夫

回答好"为什么"奋斗和"为谁"奋斗这个根本性问题，明确为实现"两个一百年"奋斗目标和中华民族伟大复兴的中国梦而奋斗；明确始终以人民为中心、为人民奋斗终身。在此基础上，还要推动奋斗精神的实践落实，解决好"如何奋斗"的问题。

培养具有奋斗精神的时代新人要想解决好"如何奋斗"的问题，首先是要解决好"谁来奋斗"的问题。"社会主义中国发展到今天，取得的成就不是天上掉下来的，更不是别人恩赐施舍的，而是广大人民群众在党的领导下用勤劳、智慧、勇气干出来的！"[①] 历史经验告诉我们，过去、现在以及未来都是由奋斗者书写的，要想践行奋斗之精神，必须拥有奋斗之主体，也就是说必须首要培养具有奋斗精神的时代新人。时代新人的人生黄金期与实现"两个一百年"奋斗目标的历史交汇期高度重合，培养具有奋斗精神的时代新人能够为实现中华民族伟大复兴的中国梦提供人才支撑、凝聚磅礴力量。

不断增强时代新人奋斗之能。当代青年建功立业的舞台空前广阔、梦想成真的前景空前光明。但强国之路上也必定充满各种艰辛，要不断锤炼青年人"能吃苦、肯奋斗"的坚毅品格，增强自身奋斗之能，在践行奋斗精神上做到拥有肯奋斗之精神、能奋斗之本领！一方面，当今时代发展日新月异，知识更新不断加快，新技术与新模式不断涌现，对青少年的能力素质提出了日益严格的要求。因此，新时代的青年应当珍惜青春年华，不负韶华，不断锤炼自身，掌握过硬的本领，并不断提升自己的思想认知水平、知识水平以适应甚至引领时代发展。另一方面，要有积极向上的乐观奋斗精神。培养荣辱不惊的心理素质，树立坚定不移、永不言败的进取决心，保持积极向上的乐观心态。将

[①] 《习近平谈治国理政》第4卷，外文出版社2022年版，第61页。

挫折视为成长的契机，从中汲取教训，用以启迪人生，促使个人在经历中升华，实现自我超越。奋斗本领不仅体现在专业素质上，更突显在心理素质上，要能够经得起风雨、受得住磨砺、抗得住摔打，勇担时代重任。

第四章

加快建设高质量教育体系

习近平总书记强调，"要坚持把高质量发展作为各级各类教育的生命线，加快建设高质量教育体系，以教育高质量发展赋能经济社会可持续发展"[1]。高质量教育体系是加快建设教育强国的重要抓手，要把高质量发展作为新时代各级各类教育体系改革创新的生命线。按照我国当前各级各类教育对象和类型，教育体系由基础教育、高等教育、职业教育和终身学习四个紧密联系的子体系所构成。从普及普惠的学前教育、优质均衡发展的义务教育、多样特色发展的高中教育，到科教融汇、产教融合的高等教育，增强服务产业发展能力的职业教育，再到构建服务全民终身学习的终身教育，发展侧重点各不相同，共同架构起了新时代高质量教育体系。加快建设能够满足人民群众日益增长的教育需求的高质量教育体系是建设教育强国的基础性工程。这一重大战略举措，既是保障全体人民平等享有教育机会的必然要求，又能在最大程度上发挥各类教育主体的积极性、能动性；既是为党和国家各项事业发展培育多样化人才的必然选择，更是满足不同背景的人民群众不断增长的多样化教育需求的根本路径。

一、夯实基础教育基点

"建设教育强国，基点在基础教育。基础教育搞得越扎实，教育强国步伐就越稳、后劲就越足"[2]。基础教育阶段，具体是指学前教育、义务教育和普通高中教育三个阶段，是国家教育体系中承载力覆盖面最强的基点，更是其他教育子体系"夯基垒台"的起点。2000年，我国

---

[1] 习近平：《论教育》，中央文献出版社2024年版，第230页。
[2] 习近平：《论教育》，中央文献出版社2024年版，第230页。

实现义务教育基本普及；2011年，实现义务教育全面普及；2021年底，我国进一步推动了县域范围义务教育实现基本均衡；2024年，"开展基础教育扩优提质行动"被写入了政府工作报告。我国基础教育总体上解决了普及水平不高、办学条件薄弱的问题，特别是在兜底线、补短板、强弱项上取得了重要进展，已逐步进入高质量发展的新阶段，但也面临着新的形势。在学生学习接受能力最强最快的这个重要阶段，牢固扎实的基础教育，只能加强、不能削弱。

（一）推进学前教育普及普惠发展

学前教育是国民教育体系的开端，关系到千家万户的切身利益。人民群众都期盼着"幼有所育、学有所教"。党和国家始终高度重视学前教育事业。近年来，按照中共中央、国务院的决策部署，教育部携手相关部门，连续实施了四期学前教育行动计划，致力于推动我国学前教育的全面发展。2023年，更是启动了基础教育扩优提质行动计划，旨在进一步提升教育质量，满足人民群众对优质学前教育的需求。在这一系列政策的推动下，我国学前教育取得了显著成就，基本实现了普及化。随着人口结构的变化和城镇化进程的加速推进，学前教育资源布局与结构面临着新的挑战。一方面，人口流动带来的学龄儿童分布变化，要求我们必须更加灵活地调整学前教育资源的配置；另一方面，城镇化带来的城市扩张，也要求我们必须在新的区域加快建设学前教育设施，以满足人民群众的需求。底子薄、欠账多、发展不平衡不充分的矛盾依旧突出，这些问题亟待解决。2018年，中共中央、国务院印发了《关于学前教育深化改革规范发展的若干意见》，该意见规划到2035年的发展目标是，"全面普及学前三年教育，建成覆盖城乡、布局合理的学前教育公共服务体系，形成完善的学前教育管理体制、办园体制和政策保障体系，为幼儿提供更加充裕、更加普惠、更加优质的学前教育"①。我们必须持续推动学前教育的发展，迎接新的挑战，为孩子们提供更加优质、公平的学前教育服务。

1. 补齐短板，推进普及普惠

学前教育是重要的社会公益事业。发展学前教育首先要把政府的地位作用发挥出来，坚持政府主导，同时还要调动社会力量引导和规范其参与。自2010年《国务院关于当前发展学前教育的若干意见》颁布以来，学前教育资源供给实现了跨越式增长，初步构建了以普惠性资源为主体的现代化办园体系，切实破解"入园难""入园贵"问题，成效显著。②快速、有效扩充的学前教育资源为广大适龄儿童提供了越来越多的入园机会。在推动学前教育普及的同时，普惠成为学前教育深化改革的新目标。下一步将主要围绕以下三个关键性指标，推进学前教育普及普惠。

一是提升学前三年毛入园率，确保每位适龄孩童皆能畅通无阻地迈入幼儿园的大门，从根本上缓解"入园难"的社会痛点。毛入园率是指学前教育在校学生数占学前教育国家规定年龄组人口总数的比例。这一指标的设置，有利于提高学前教育保障水平，满足人民对"幼有所育"的期盼。为了应对人口高峰期对幼儿园入学的刚性需求，各地采取了多种措施扩大普惠性教育资源，积极发展公立幼儿园，并大力支持普惠性民办幼儿园。经过2012年至2021年这十年的努力，我们成功弥补了历史上的教育缺口，显著缓解了"入园难"的问题，使得学前教育基本普及。到2023年，学前教育的毛入园率达到了91.1%，比上一年度提升了1.4个百分点，这一成绩已经提前实现了"十四五"规划所设定的目标。

---

① 《中共中央国务院关于学前教育深化改革规范发展的若干意见》，人民出版社2018年版，第5页。

② 洪秀敏、朱文婷：《我国学前教育高质量发展的逻辑内涵、现实挑战与现代化路径》，《东北师大学报（哲学社会科学版）》2024年第2期。

二是提升普惠性幼儿园的覆盖率，旨在确保每一个普通家庭的孩子都能够有机会进入质量高且价格实惠的幼儿园接受教育。针对"入园贵"这一难题，教育部始终坚持公益普惠的基本原则，与相关部门携手合作，积极推动各地政府切实履行责任，大力构建以普惠性资源为主导的幼儿园教育体系。在城市地区，教育部联合相关部门开展城镇小区配套幼儿园的治理工作，优化资源配置，提升服务质量。而在农村地区，则通过构建县、乡、村三级学前公共服务网络，逐步完善农村学前教育体系，为农村孩子提供更加便捷的入园机会。最新统计数据显示，截至2023年，全国范围内共有幼儿园27.44万所。其中，普惠性幼儿园的数量达到了23.64万所，占据了全国幼儿园总数的86.16%，与上一年度相比，这一比例增长了1.2个百分点。同时，全国学前教育在园幼儿总数为4092.98万人，其中普惠性幼儿园在园幼儿数量为3717.01万人，占全国在园幼儿总数的90.81%，与上一年度相比也增长了1.26个百分点。这些数据充分展示了我国在推进普惠性幼儿园建设方面所取得的显著成效。公办幼儿园在保障基本教育需求、维护教育公平底线、引领学前教育发展方向以及平衡收费标准等方面发挥了至关重要的作用。未来，我们还将继续努力，进一步完善普惠性幼儿园体系，为更多的孩子提供优质的学前教育服务。

三是提升公办园在园幼儿占比，既有利于展现以公办园为主体的教育导向，同时也为社会力量参与办园预留了充分的空间。在我国，学前教育被赋予了基本公共服务的属性，适龄幼儿均有机会接受由公办园或民办园所提供的优质学前教育服务。两类幼儿园因单位组织属性的不同，其收入来源与运营方式存在根本性的差异。在国家层面上，已经明确出台了公办园生均公用经费的基准定额。与此同时，各地也普遍制定了公办园生均公用经费的具体标准和普惠性民办园的补助标准。这些标准的制定，充分考虑了财政补助以及当地经济发展的实际情况，实现了公办幼儿园收费标准的动态调整，并明确了普惠性民办幼儿园的最高收费限价。通过政府分担办园成本的方式，切实有效地减轻了家庭的经济负担。对于普惠性民办幼儿园而言，其运营成本由政府与家庭共同承担。而幼儿园的收入则主要依赖于学费的收取。值得注意的是，政府在给予普惠性幼儿园补贴的同时，也设定了前提条件，即幼儿园不得随意提高收费标准。然而，尽管有政府的补贴，但其数额相对较少。因此，政府需要进一步加大对社会力量办园的扶持力度，以有效遏制民办幼儿园的过度逐利行为。同时，政府还应积极引导社会力量举办普惠性幼儿园，使民办学前教育能够最大限度地体现出其教育性和公益性。这样一来，公办幼儿园与民办幼儿园将共同携手，为人民提供满意的高质量学前教育服务。

2. 强化保障，提升保教质量

学前教育是各级各类教育中的薄弱环节，保教质量参差不齐等问题仍然存在，难以完全契合学前教育高质量发展的新要求。2022年2月，教育部正式发布了《幼儿园保育教育质量评估指南》，旨在推动学前教育高质量发展，更全面地满足人民群众对幼有所育的美好期盼。

一是动态调整与优化学前教育资源。2023年，我国学前教育的师幼比达到了1∶13.32，这一比例虽已满足国家规定的最低标准，但与发达国家普遍达到的1∶10至1∶7的师幼比相比，仍存在一定的差距。若以1∶10的师幼比为标准进行计算，基于2023年的现有数据，我国幼儿园专任教师存在约101.93万人的缺口。然而，随着在园幼儿数量的逐步减少，未来全国学前教育专任教师或将出现小幅度盈余。有研究预测，从2023年至2035年，我国城镇和乡村地区的在园幼儿数量均将呈现下降趋势，特别是乡村地区，受城镇化进程的影响，其学前教育在园人数预计将大幅下降，到2035年，这一数字将仅为328万至355万。新型城镇化进程的加速推进，使得学龄人口从农村向城镇、从经济欠发达地区向发达地区的转移成为不可逆转的趋势，农村幼儿园因此面临"空心化"的挑战。对此，政府相关部门需深入分析，科学规划，优化城乡幼儿园的布局。

二是加大力度提高学前教育的投入保障。自2011年至2023年，中央财政已累计投入2210亿元专项资金，用以支持学前教育的发展，这一举措带动了各地政府进一步加大财政投入，不断完善投入保障机制。数据显示，2022年全国财政性学前教育经费已达到2982.2亿元，占财政性教育经费的比例为6.2%，这一比例是2013年的1.8倍。为了提升学前教育的质量，相关部门还印发了关于幼儿园保育教育、质量评估等方面的专业文件，引导幼儿园以游戏为基本活动形式，不断探索"学什么""怎么学"以及"教什么""怎么教"的实践路径，深入推进幼小衔接工作，积极推广先进典型经验，确保幼儿能够平稳过渡到小学阶段。同时，通过培训、对外合作交流、区域教研、优化福利待遇、营造良好工作环境和氛围等多种方式，促进教师的专业成长，增强他们的专业认同感和职业荣誉感。以提升教师能力为核心，不断增强学前教育的核心竞争力。此外，还鼓励高水平综合性大学开设学前教育专业，支持具有学前教育专业办学经验的本科层次高校开设早期教育方向，加强0~6岁婴幼儿一体化师资的职前培养。同时，鼓励普通高等院校根据社会需求开设婴幼儿发展与健康管理、婴幼儿托育服务与管理、早期教育等专业，加快托育专业人才的培养步伐，并鼓励具备条件的师范院校开设特殊教育、孤独症儿童教育、融合教育等专业。

三是构建严格且全面的管理制度体系。为确保幼儿在园期间的身心健康与安全，相关部门采取了一系列措施，推动各地各幼儿园依法依规开展教育工作。先后出台了关于幼儿园建设、教职工配备和专业标准、安全防护、卫生保健等方面的规范性文件，构建了较为完善的管理制度体系。同时，全面实施县域学前教育普及普惠督导评估和幼儿园办园行为督导评估，明确县级政府发展学前教育的责任和幼儿园规范办学的责任。针对幼儿园不规范名称、乱收费、虚假宣传等问题，多次部署开展专项清理整治行动，有效解决了部分幼儿园存在的不规范办园问题。此外，还进一步强化安全底线，建立起人防、物防、技防相结合的安防体系，为幼儿的安全保驾护航。

（二）推动义务教育优质均衡发展

改革开放以来，我国义务教育步入快速发展的轨道，2000年达成了基本普及的成就，2011年则实现了全面普及的壮举。自党的十八大以来，我国不断推进义务教育均衡发展，致力于教育公平。至2021年底，全国所有县区均顺利通过了国家义务教育基本均衡发展督导评估认定，标志着我国义务教育已迈入基本均衡的新阶段。在推动义务教育均衡发展的过程中，我国义务教育取得了显著成效。普及程度已达到世界高收入国家的平均水平，经费保障更为坚实，办学条件大幅改善，教师队伍素质显著提升，教育质量实现了整体跃升。在基本均衡的基础上，我国义务教育的发展目标已明确为向优质均衡迈进，进一步提升教育质量，促进学生全面发展。

1. 坚持义务教育公益性原则

习近平总书记强调，要"坚持教育公益性原则，把教育公平作为国家基本教育政策"[①]。近年来，党和政府以前所未有的决心和力度，全力推进"双减"政策的落实、规范民办义务教育的发展，同时大力发展普惠性学前教育、积极推进义务教育城乡均衡发展、全面保障随迁子女的受教育权利等，这些举措无一不彰显了坚持教育公益性原则的决心，旨在加速推动我国义务教育的优质均衡发展。中共中央、国务院印发的《中国教育现代化2035》明确提出了到2035年"实现优质均衡的义务教育"的宏伟目标。要实现这一目标，就必须在党的全面领导下，广泛动员政府、学校、家长、学生以及社会各界力量，共同参与、综合治理，通过多方协同，形成紧密合作的联合行动机制，确保

---

① 《习近平谈治国理政》第3卷，外文出版社2020年版，第348页。

每一名儿童都能享受到义务教育的机会,从而推动基本公共教育服务的全面均等化。

2. 促进优质义务教育资源共享

在我国,义务教育差异性依然是存在的,从全国范围来看发展滞后的地区主要是西部偏远山区与民族地区。为根本性地改善这一状况,必须在党的全面领导下,充分调动与协调各方面的力量,共同推进义务教育的高质量均衡发展。习近平总书记多次强调,要积极推进城乡义务教育一体化发展,努力缩小城乡教育资源差距,促进教育公平,切断贫困代际传递。[①]为贯彻此重要指示精神,我们不仅要持续增加对义务教育硬件设施的投入,还要紧跟信息化时代的步伐,加速教育的变革,促进优质教育资源的广泛共享,实现"亿万孩子同在蓝天下共享优质教育"的美好愿景。《中国教育现代化2035》明确指出,要在实现县域内义务教育基本均衡的基础上,进一步推动优质均衡的发展,并加快教育信息化的变革。目前,全国中小学(包括教学点)的联网率已经达到100%,未联网学校已实现动态清零,国家数字教育资源公共服务体系已成功接入32个省级平台,教育信息化水平显著提升,为缩小区域和城乡间义务教育发展水平的差距奠定了坚实基础。我们以信息化手段和学校为载体,充分利用人工智能、大数据等先进技术,如"互联网+教育赋能工程""5G+智慧教育""人工智能+智慧课堂"等,不断深化信息化在义务教育中的应用。这种信息化教学实践不仅对学校教育和课堂教学进行了有益的补充和延伸,还为城乡学生共享全国名师、名家、名校、名课资源提供了极大的便利,有效扩大了优质义务教育资源的覆盖范围,为义务教育的优质均衡发展注入了强大动力。同时,我们还应继续推动义务教育优质均衡发展和城乡一体化进程,不仅要在硬件设施和信息化建设上加大投入,还要在师资培训、

[①] 参见习近平:《扎实做好"六稳"工作落实"六保"任务 奋力谱写陕西新时代追赶超越新篇章》,《人民日报》2020年4月24日。

课程设置、教学方法等方面进行全面改革和提升。特别是对革命老区、民族地区、边疆地区、集中连片特困地区，我们要加大支持力度，通过政策倾斜、资金扶持等措施，促进城乡、不同区域和学校之间教育的协调发展。此外，我们还应特别关注农民工随迁子女等弱势群体的义务教育问题，确保他们能够接受到公平而有质量的教育。这不仅是对他们个人发展的保障，也是实现社会公平和稳定的重要举措。我们要进一步完善相关政策措施，加强监管和评估，确保每个孩子都能享受到优质的教育资源。综上所述，推进义务教育的优质均衡发展是我们共同的责任和使命。我们要在党的全面领导下，团结一心、共同努力，为实现教育公平和中华民族伟大复兴的中国梦贡献力量。

3. 综合施策提升义务教育质量

在义务教育领域，追求公平与质量始终是永恒的主题。在全面实现普及和巩固的基础上，减负提质已成为未来很长一段时间内义务教育发展的中心任务。为了提升义务教育质量，我们应重点关注两个方面：一是加强义务教育质量监测，二是深化课程改革。通过推动义务教育课程改革、加强质量监测等措施，切实减轻学生过重的课业负担，提升学生的综合素质。在促进学生全面发展方面，我们要深化课程教学改革，创新人才培养方式，促进学生德智体美劳全面发展；同时，要整合利用好校内外科学教育资源，培养学生崇尚科学、热爱科学的精神和探究思考、动手实践的能力。此外，我们还要持续推动"双减"政策的落实，综合施策减轻义务教育阶段学生的升学考试压力。落实学生作业减负政策，规范管理校外培训和增强课后服务供给，不断提高义务教育教学水平和质量。同时，我们还应多途径减轻教师负担，充分释放中小学教师的活力与创造力。

4. 建立合理健康多元的评价制度

长期以来，将分数和升学率作为评价和衡量学校教育教学质量的唯一标准和导向，不仅导致义务教育办学机构的生源选拔乱象频发，也严重违背了教育的初衷和使命。因此，打破"唯分数""唯升学"的考试评价制度束缚，建立合理、健康、多元的人才评价制度已成为当务之急。在传统学业评价的基础上，教育行政部门应积极探索并建立健全德智体美劳全面发展的评价制度体系，以此作为评价教师发展、学校办学成效的重要指标和依据。借助这一评价制度的牵引和导向作用，推动学校的教育教学和教育管理改革不断向纵深发展，切实扭转功利化、短视化的办学观念和行为倾向，引导学生的健康可持续发展。同时，实现阳光招生、守护教育公平也是我们的重要使命。这就要求招生机构必须立足公平公正的价值追求和原则立场，从思想和能力两个方面入手建立招生政策执行的保障体系。一方面要严格遵守与执行义务教育免试就近入学制度规定要求；另一方面也要结合区域和学校实际情况建立透明公开、问责有力的招生机制体系。教育主管部门应协同区域学校共同构建公开透明的区域招生平台和公示制度体系；同时还应加强阳光招生能力建设，不断提升义务教育招生政策执行能力水平。例如，可以通过对义务教育机构校长、招生负责人以及家长等利益相关者进行招生制度指导培训等方式方法，让其更加清晰明了具体招生细则流程和要求。

（三）全面提高普通高中办学质量

普通高中教育在教育体系中扮演着关键角色，是人才培养过程中的重要环节。确保普通高中教育的质量，对于巩固义务教育成果、加强高等教育的后续发展以及提升国民整体素质具有深远的影响。然而，当前普通高中办学质量的评价体系仍面临一些显著问题，主要体现在以下三个方面。首先，在评价导向上，存在过分依赖以考试成绩和升学率来衡量办学质量的倾向；其次，在评价内容上，重视知识的传授而忽视了实践能力的培养；最后，在评价方式上，偏重于对结果的评价，而忽视了对过程的关注。因此，迫切需要建立一个以发展素质教育为核心导向的全面办学质量评价体系。习近平总书记在全国教育大会上强调，要扭转不科学的教育评价导向，从根本上解决教育评价指挥棒问题。中共中央、国务院发布的《深化新时代教育评价改革总体方案》以及《国务院办公厅关于新时代推进普通高中育人方式改革的指导意见》都明确提出了制定普通高中办学质量评价标准的要求。提升普通高中教育质量，关键在于遵循以下两条路径。

1. 注重发展学生综合素质

为适应普通高中课程与高考综合改革的深入发展，进一步促进普通高中教育的高质量发展，当前迫切需要对普通高中办学质量评价体系进行系统性改进与完善。这一改进不仅要求全面落实新课程与新教材的实施，还需优化教学活动的组织与执行，以及完善选课走班制度、学生发展指导与综合素质评价体系。具体而言，应以育人方式的改革为核心，推动普通高中教育的深度变革，注重学生核心素养的培养，激励学生的创新精神，营造积极的创新氛围。

评价体系的改革对于深化高中教育综合改革具有牵引作用。综合素质评价作为高校招生录取的重要参考依据，其重要性不言而喻，是切实转变人才培养模式的关键环节。改进与完善普通高中办学质量评价体系是适应教育改革发展的必然要求，也是提升高中教育质量的关键举措。各级教育行政部门和学校应高度重视，采取有效措施，确保评价体系改革的顺利实施，为培养德智体美劳全面发展的社会主义建设者和接班人贡献力量。

2. 促进普通高中多样化有特色发展

普通高中多样化有特色发展，是针对高中发展的"单一化""趋同化"而言的。它强调不同学生在兴趣、能力、特长等方面存在多样性，要求根据学生的个体特点进行差异化培养，以实现每个学生的全面成长和发展。构建这样的教育格局需要普通高中在保持一致性的同时寻求差异，并在统一与差异的平衡中寻求多样化有特色发展。将办学理念和特色发展目标融入学校管理、课程建设、学生发展、教师发展和校园文化建设等方面，努力办出学校特色。学校需要对自身的历史文化进行深入挖掘和研究，为特色定位提供丰富内涵和独特视角；同时，充分评估和利用现有的师资力量、教学设施、科研条件等资源，发掘和培养潜在的教育教学优势。在课程设计上，对现有课程进行深入分析和重新设计，为学生提供宽广的知识视野和多样化的学习体验，培养他们的创新能力和实践技能。学校应提供多样化的选修课程，让学生根据自己的兴趣和特长进行选择。在评价方式上，除了传统的学科考试成绩外，还应从多个维度对学生进行评价，包括创新能力、实践技能、团队合作、领导力、社会责任感等。教师队伍的建设也是关键。要打造一支具有专业能力、教学方法多样、适应教育改革需求的教师队伍，通过设立教学成果奖、评选优秀教师、教学竞赛等，表彰和奖励在特色教学方面有突出贡献的教师。

此外，建设高质量基础教育体系还需继续扩大特殊教育资源总量，加大对贫困地区特殊教育支持力度，提高特殊教育的教学质量，实施让残疾儿童少年学以致用的教育，促进残疾人全面发展。将民族地区教育纳入基本公共教育服务范围予以优先保障，努力实现民族地区教育的跨越式发展。加大国家通用语言文字推广力度，构建一个开放、融合的民族教育体系。通过这些举措，我们旨在构建一个更加公平、包容、高效和具有创新精神的基础教育体系，为每一个孩子的成长和发展提供坚实的基础。同时，这也将为实现教育现代化、建设教育强国奠定坚实的基础。

二、建强高等教育龙头

建设教育强国，高等教育无疑是其领航者。高等教育以本科教育为基石，同时向研究生教育延伸拓展，肩负着培育具备创新性思维和创新能力人才的重大使命。纵观全球，每一个教育强国都必然是高等教育强国。高等教育的强盛，为经济社会发展提供了坚实的支撑，为科技人才竞争增添了充足的信心。高校作为高等教育的核心载体，必须在综合分析国内外形势、精准把握机遇与挑战的前提下，深刻领会加速构建高质量高等教育体系的深远意义与核心原则，作出既具前瞻性又具可行性的路径抉择，从而有效推动高等教育的高质量发展。习近平总书记在2024年全国教育大会上着重强调，要以科技发展、国家战略需求为牵引，着眼提高创新能力的动态，优化高等教育布局，完善高校学科设置调整机制和人才培养模式，加强基础学科、新兴学科、交叉学科建设和拔尖人才培养。①

（一）构建具有中国特色的世界一流学科体系

当前，传统的大学发展模式和学科分工体系，已难以适应形势的发展需求。复杂多变的国内外形势也对我国高等教育提出了新的使命与挑战。因此，加速建设具有中国特色、世界一流的大学和优势学科，是高等教育引领国家强盛的必由之路。

1. 汇聚优势学科资源

习近平总书记着重指出，要加强基础学科、新兴学科、交叉学科建设和拔尖人才培养。② 基础研究要坚持"四个面向"，坚持目标导向和自由探索并重。优化基础学科建设布局，支持重点学科、新兴学科、冷门学科和薄弱学科的发展，推动学科交叉融合和跨学科研究，构建全面均衡发展的高质量学科体系。要充分利用学科交叉融合的"催化剂"，瞄准科技前沿和关键领域，优化自身科技布局，夯实学科基础，

---

① 参见习近平：《紧紧围绕立德树人根本任务　朝着建成教育强国战略目标扎实迈进》，《人民日报》2024年9月11日。

② 参见习近平：《紧紧围绕立德树人根本任务　朝着建成教育强国战略目标扎实迈进》，《人民日报》2024年9月11日。

培育新兴交叉学科的增长点，推动新工科、新医科、新农科、新文科的建设。

2. 瞄准国家战略需求

当前，新一轮科技革命和产业变革正蓬勃进行，对全面提升教育服务高质量发展的能力带来了全新挑战与要求。为响应这一时代号召，我们应精准对接国家战略、地方经济社会发展的迫切需求以及产业科技前沿的关键领域，紧密对标国家"双一流"建设的高标准，全力推动学科的分类精细化建设、深度交叉融合与互促共进，力求学校学科水平实现质的飞跃，进一步完善优势与特色鲜明、传统与新兴并重、应用与基础并进、综合与交叉协同的学科总体布局。同时，我们要将目光投向国际科技的前沿阵地和核心关键领域，对原有的传统基础学科进行科学合理的有机整合，对现有的学科专业体系实施全面优化与升级，尤其要聚焦"高精尖缺"的战略领域，精心打造多学科相互渗透、相互支撑、相互成就的学科集群，形成强大的学科合力。在此基础上，我们还应积极组建跨学科的研究团队，搭建起多元化、开放式的学科交叉平台，不断完善跨学科人才流动与资源共享的管理机制，为新兴优势学科的孕育与成长、优势学科的持续繁荣与发展奠定坚实基础，为构建具有全球视野和世界影响力的中国学派贡献我们的智慧与力量。

（二）全面提升高素质人才培养能力

建设高质量高等教育体系是我国高等教育发展进入普及化阶段后提出的一个全新课题。截至2024年7月，我国接受高等教育的人口达到2.5亿，推动我国劳动力素质结构发生了重大变革。为加强"价值塑造、知识培育、能力锤炼、文化滋养"四维度的协同效应，围绕思想引领、专业素养提升、教育教学法创新、创新创业实践深化、课程体系优化、沉浸式教育实施以及激励机制构建等核心领域展开，推动拔尖创新人才培养模式的改革。在教育教学方面，强调坚持选拔并任用一流教师站上讲台，同时由他们负责教材的编写工作，以构建起全面而有效的培养与激励机制。这不仅有助于提升教学质量，更能激发学生的创新潜能和学术热情。在课程设置上，主张与国际顶尖大学进行课程内容的对标分析，通过借鉴其先进的教学理念和课程设计思路，致力于打造高质量的课程体系。这将为学生的全面发展提供坚实的基础。此外，深入推进以大类招生、大类培养和书院制育人模式为核心的人才培养改革。实施这些改革措施，可以更有效地促进学生的全面发展，提升他们的综合素质和创新能力。特别是实施"强基计划"与"拔尖计划"，可以努力推动各具特色的拔尖人才"分型卓越"培养改革，为国家的科技创新和社会发展培养更多的高素质人才。这些改革措施也旨在构建高水平拔尖创新人才培养体系，以承担起世界一流大学人才培养的使命，更有效地促进学生的全面发展，提升他们的综合素质和创新能力，为国家的科技创新和社会发展作出更大的贡献。

1. 确立人才培养的核心战略地位

在学科排名导向机制持续发挥作用的情境下，我国高等院校中科研与教学活动的分离现象愈发凸显，高校所秉持的以人才培养为核心的基本教育理念难以得到有效贯彻与实施。为有效应对此问题，亟须构建教学与科研之间的良性互动机制，以推动师生共同体的形成，进而实现教育与产业的深度融合。具体而言，教师需深入产业实践一线，全面且精准地把握产业发展需求，发掘真实存在的关键问题，从而有效激发其创新潜能，为教学改革提供源源不断的动力。这一路径无疑是推动产教融合深入发展的核心与关键。

在此过程中，教师作为产教融合不可或缺的关键主体，其主动参与和积极贡献具有至关重要的作用。若缺乏教师的积极参与和深度投入，产教融合将难以取得实质性的进展和突破。只有当教师的创造性得到充分激发和有效释放，才能真正引领学生实现创新性成长与发展。

而当学生的创造性得到普遍且有效的激发时，一个高质量、高水平的高等教育体系方能得以真正构建和完善。

2. 构建教学改革促进机制

在传统的教学管理体系中，教学规范的设计主要聚焦于讲授式教学模式，这一模式过度倚重教师的知识传授能力，对学生的创新创业能力培养重视不足，这显然已难以适应创新驱动发展战略对于人才培养的新要求。为了积极应对这一挑战，有效培养学生的创新创业能力，首要且关键的任务在于为学生创造更多的实践实习机会，以强化其问题意识，并进一步培养其探究精神。因此，高等院校必须审时度势，积极推进教学模式改革，为教师提供更为广阔的创新实践平台，鼓励其进行教学创新实践。

在此背景下，我们需要加强对教师的引导，提升其对实践教学的重视程度，促使他们主动了解实践需求，深入探究实践问题，并积极带领学生参与其中。通过这种方式，学生的知识应用能力和探索新知能力将得到显著增强。大量实践经验表明，当学生在解决实际问题的过程中深入参与时，其创新创业的潜能往往能够得到充分激发，进而促使他们的创新能力和实践能力实现质的飞跃。

综上所述，高等院校应着眼于教学管理规范的改革与创新，以培养学生的创新创业能力为核心目标，不断推进教学模式的创新与实践，从而为培养更多具有创新精神和实践能力的高素质人才奠定坚实基础。

3. 激发高等教育办学活力与自主性

高等院校，作为教学与科研的重要基地，不仅是知识传授与学术研究的摇篮，更是实现高等教育高质量发展的核心驱动力。它们理应享有一定的办学自主权和独立性，以确保教育创新与学术自由的充分展现。然而，来自外部的管理和干涉往往成为阻碍大学自身发展的障碍，因此，妥善处理高等院校与政府、社会以及市场之间的关系，成为推动高等教育持续健康发展的关键所在。为应对这一挑战，我们需不断完善大学治理体系的改革，为高质量发展提供更为广阔的空间与更为坚实的支撑。具体而言，改革应聚焦于以下三个核心方面：

首先，在推进高等院校治理体系改革的过程中，必须深入推进"放管服"改革。这一改革应以政府的监管和服务为基础，旨在充分激发高等院校的发展活力。在此过程中，应注重服务与支持，减少不必要的干预和管理，将更多的治理权力下放给高等院校自身，赋予其更大的办学自主权。这不仅有助于提升高等院校的自主创新能力，还能促进教育资源的优化配置。高等院校自身则需积极优化内部治理结构。依法提高教师、学生以及社会组织等利益相关方在高等院校治理和重大决策制定中的参与度，是形成多元共治发展格局的关键。通过加强内部沟通与协作，高等院校能够更有效地应对外部环境的挑战，实现可持续发展。

其次，社会应加强对高等院校的监督与合作。高等院校的发展与社会进步紧密相连，企业、社会组织等各方力量可以通过提供资源与资助等方式，与高等院校开展深度合作，共同培养高素质人才。然而，在具体合作过程中，应充分尊重高等院校教学和人才培养的规律，避免过度干涉，以确保教育的独立性与学术的纯粹性。

最后，高等院校与市场的关系也是一个不容忽视的重要议题。它涉及高等院校的定位、功能、使命以及对社会的责任等多个方面。高等院校应适度把握与市场之间的"紧密与疏离"平衡。一方面，要紧密联系市场需求，服务于经济社会发展。另一方面，又不能完全市场化，以免偏离教育初心与使命。这是因为高等院校的核心价值在于推动知识创新和社会进步，而非单纯追求经济效益。若将高等院校完全市场化，以追求经济利益为主要目标，则势必偏离其应有的使命与责任，损害教育的公益性与学术的尊严。

（三）强化高质量科技成果供给

习近平总书记指出："我国面临的很多'卡脖子'技术问题，根子是基础理论研究跟不上,源头和底层的东西没有搞清楚。"① 高等院校作为基础研究领域的核心力量及重大科学技术创新的策源地,应自觉肩负起利用高水平的科技创新自主能力,解决"卡脖子"技术难题的历史性责任。在教育层面,高等教育机构需紧密关注全球科技发展的前沿动态,深化前瞻性战略布局,精确提炼关键性科学议题,善于捕捉科学规律,并充分发挥高水平研究型大学在基础研究中的引领作用,致力于开展原创性和引领性的科学研究,着力提升科技创新的源头供给能力,力求实现从零到一的重大科技创新突破。基础性研究因其长期性和复杂性,往往需要持续的投入,但其成果对于国家和民族的未来发展具有至关重要的意义。高等院校作为基础研究的核心阵地,必须具备"为国家打造利器"的坚定信念与"为人民福祉贡献力量"的崇高追求,持之以恒,不懈努力。

1. 深化产教融合

深化产教融合机制,促进教育链与人才链同产业链及创新链的深度融合,已成为当前推进人力资源供给侧结构性改革的重要迫切需求,亦成为推动教育优先发展与产业创新发展相互贯通、协同、促进的核心战略性举措。面向产业创新发展需求,必须加速推进产教融合进程,构建一套有利于关键核心技术攻关的完备机制,推动形成教育与产业统筹融合、协同发展的全新格局。

针对先导产业及未来产业的发展布局与重点方向,高校应充分依托其优势学科,积极构建以龙头企业为引领、高校及科研院所为支撑、各创新主体紧密协同的创新联合体。在此基础上,应聚焦解决"卡脖子"关键核心技术难题,从实际应用中抽象出基础理论问题,在科学实验中探索并验证"从1到10"的技术创新路径,并最终将成果应用于实践检验。

---

① 习近平:《在科学家座谈会上的讲话》,人民出版社2020年版,第7页。

值得注意的是，当前高校科研工作者往往更专注于自身学术领域的前沿热点研究，而对于市场需求及企业面临的实际难题则缺乏深入了解。鉴于此，有必要建立跨领域的协同攻关机制与平台，打破高校与企业之间的传统壁垒，消除学术研究与技术应用之间的隔阂与障碍，促进产学研深度融合，共同推动技术创新与产业升级。

2. **推进学科交叉融合**

高等院校被誉为全球杰出人才的"磁力中心"，它们不仅需要教育家和科学家的积极参与，更需要那些具备前瞻性判断力、跨学科理解力以及在大规模团队作战中展现出卓越领导力的领军型人才。为了强化教育的基础，高校必须构建一支不仅拥有高尚师德，而且具备精湛业务能力的高素质、专业化的教师团队。教育事业既是一场需要长期坚持的接力赛，也是一次知识的传递过程。因此，建立跨学科的科研创新团队显得尤为重要。通过完善的制度建设，可以充分发挥这些团队的价值驱动和战略引领作用，形成有组织的科研模式。这样，不仅能够促进人才在团队协作中不断成长，还能在学科交叉融合的过程中培养他们解决复杂问题的能力。

三、构建纵向贯通横向融通的职业教育体系

职业教育是国民教育和人力资源开发的重要组成部分，满足经济社会对技术技能人才的需求，并为青年提供成长途径。近年来，职业教育从政府主导转向社会多元参与，注重质量提升和特色发展，显著提高了现代化水平，为经济社会发展和国家竞争力提供人才支持。尽管如此，与发达国家和我国现代化建设目标相比，职业教育体系尚需完善，实训基地建设、制度标准、企业参与度及配套政策等方面存在不足。党的二十大报告提出建设高质量教育体系，强调推进职普融通、产教融合、科教融汇，优化职业教育类型定位。习近平总书记在全国

教育大会上强调强化校企科研合作，让更多科技成果尽快转化为现实生产力。构建职普融通、产教融合的职业教育体系，大力培养大国工匠、能工巧匠、高技能人才。[①]

（一）以职普融通畅通多样化成长成才渠道

扭转社会对职业教育传统认知的"矮化""窄化"，推进职业教育和普通教育融合发展，这是教育理念和方式的一次深刻变革。新修订的《中华人民共和国职业教育法》的出台，标志着职业教育完成了从"层次教育"到"类型教育"的华丽转身。这一身份的转变，并非是对以往职普分流的简单否定，而是采用渐进式策略，引导学生逐步改变对职业教育的固有观念，由被动转为主动，由分流走向选择，最终实现学生职普的"主动分流"。面对职普融通当前所面临的诸多挑战，我们需要从政策主体的平衡、教育理念的革新、教育资源的整合等多个维度，深入探索职普融通的发展路径与未来蓝图。

1. 平衡政策主体，促进协同发展

一是强化普通高中在教育体系中的主体地位，构建多元、开放的教育合作机制。高中教育作为职普融通的重要桥梁，其课程设置往往过于偏重学科知识的传授，而忽视了对学生职业兴趣和素养的培育。因此，我们需要重新审视并优化课程结构，将职业教育内容有机融入日常教学中。具体而言，可以通过组织跨学科的综合实践活动，让学生在实践中感受不同职业的魅力；邀请行业专家进校园，与学生分享职业经验，激发学生的职业热情。此外，还可以利用现代信息技术，开发职业体验课程，让学生在虚拟环境中模拟职业操作，深化对职业的认知。这些举措将为学生提供更加全面、多元的教育环境，助力学生更好地认识自我、规划未来，为职普融通奠定坚实基础。

---

① 习近平：《紧紧围绕立德树人根本任务 朝着建成教育强国战略目标扎实迈进》，《人民日报》2024年9月11日。

二是优化职普融通的舆论环境，纠正社会对职普教育的认知偏差。职普不等值、重普轻职等观念是导致职普融通试点改革难以深入推进的症结所在。因此，我们需要实现教育理念的根本转变，充分发挥政府、学校、企业、社会媒体等多元主体的协同作用，共同营造有利于职普融通的社会氛围。政府应作为公共政策的制定者和引导者，通过优化制度和政策环境，促进职普融通的发展；同时，要不断强化新职教法的针对性和操作性，引导社会各界重视职业教育形象，为职业教育类型化发展营造良好氛围。学校应作为人才培养的主阵地，加强职业启蒙教育和劳动实践教育，将师资与资源聚焦于学生技能成长与企业实际需求之间的精准对接，促进知识与技术的深度融合。企业应积极与学校开展深度合作，提供资金、人才、实习基地等全方位支持，共同推动双元制教育模式的发展。社会媒体应构建职业教育的全媒体宣传矩阵，提高职业教育的社会认知度和影响力。

2. 优化教育标准，完善课程执行体系

一是实现课程资源的共建共享。普通高中和职业学校在课程结构上各具特色，而"职普融通"策略的核心在于实现这两类课程的相互融合与互补。针对试点学校普遍存在的"课程简单相加"问题，我们需要围绕普通高中学生的核心能力，科学研究和设计课程融合方案。建立区域性的职普融通选修课程平台，鼓励普通高中和中职学校相互支持、深度合作；同时，鼓励普通高中为中职学校提供文化素质类及音乐、体育与健康、美术等选修课程资源，丰富中职学校的课程体系。此外，还需完善课程学分的认定机制，深入研究不同课程学习与有效学分转换之间的内在联系。

二是创新升学路径，实现职普融通。普通高考对部分学生和职业学校学生来说难度较大，因此我们需要关注基础薄弱学生的发展空间，创新升学途径。一方面，要推进中高职衔接的一体化设计，包括课程、学分和升学等方面的衔接；提高职业课程在升学评价中的比重，重视学分互认机制的建设。另一方面，要合理确定职普分流的时间节点，根据实际情况实施"1.5+1.5"或"1+2"等灵活学制安排。

三是建立校际教师交流制度，促进教育资源优化配置。普通高中和职业学校在师资和教学资源方面各有优势也各有不足。因此，建立区域内教师走教制度显得尤为重要。走教制度能够打破学校壁垒，实现教师资源的共享和优化配置。为了推动走教制度的顺利实施，我们需要对现有制度进行完善：建立健全的保障机制，确保参与走教的教师在待遇、职称评定等方面不受影响；加强学校之间的沟通与协作，建立有效的合作机制；加强教师的培训和交流，提高教师的专业素养和教学能力；通过政策引导和社会宣传提高社会各界对走教制度的认知度和支持度。

3. 夯实保障基础，构建职普融通新生态

一是实现专项经费的多元化筹措与定向投入。鉴于各地区经济发展水平不均、政府财力差异显著以及学校状况各异等实际情况，职普融通的专项教育经费无法统一标准。因此，政府及相关教育部门应立足实地调研结果科学规划职普融通教育的专项经费投入方案；同时积极构建多元化的教育经费筹措体系，鼓励企业、社会组织及社会各界人士积极参与职普融通建设；优化经费分配机制，确保职普融通学校在课程设置、教师队伍建设等关键环节得到充分的经费支持。

二是强化专业引领和战略规划。加强职普融通改革的战略规划和专业指导，构建完善的培训体系；提高教师对职普融通改革的认识和参与度；建立激励机制，鼓励教师积极投身职普融通改革实践；学校应调整关注焦点，不仅关注高考升学率和成绩，还要注重职普融通班的发展，为其提供全方位的支持和保障。

三是加强职普融通的宣传引导工作。通过学校平台、社会媒体等多种渠道全面介绍职普融通政策的内容和意义；针对不同年级和阶段的学生制定差异化的宣传策略；加强与初中学校的合作，将职普融通的宣传纳入初中教育的课程体系；提高学生对职普融通的认知和兴趣，为职普融通的顺利推进奠定坚实基础。

总之，职普融通作为推动职业教育高质量发展的关键举措之一，对于促进教育公平、丰富社会人才供给、推动教育体系开放融通具有重要意义。我国职业教育正深度融入世界职业教育改革的浪潮中，为世界教育治理贡献了中国智慧和中国方案。在中国加快推进经济和产业结构升级的进程中，职业教育作为直接对接产业的教育类型将为我国现代化建设提供重要的人力资源支撑和成果转化平台。通过优化职普融通教学质量、共享教学资源、完善教学评价机制等举措，职业教育将进一步增进社会团结和社会公正，为受教育者提供更多元化的教育机会和教育选择，促进其实现全面而自由的发展。

（二）通过产教融合提升职业教育的适应性和吸引力

职业教育与产业的结合程度是所有教育类型中最为紧密的。专业作为连接职业教育与经济社会发展的关键要素，其与产业需求的匹配程度是衡量职业教育适应性和发展质量的重要指标之一。在数字化和智能化时代背景下，新旧动能转换加速了我国产业的转型升级。劳动力市场对技术技能人才的需求类型和素质提出了更高要求。尽管职业教育的专业设置正努力适应这一趋势，并试图解决供需不匹配的问题，但在专业布局、调整机制、内涵建设等方面与产业实际需求的契合度仍然不高，特别是课程教学难以及时响应新领域、新技术、新工艺和新规范的需求。究其原因，主要在于职业教育与产业领域的沟通渠道和机制尚不畅通，技能需求动态监测机制和专业设置响应调整机制尚不完善，学校专业设置的科学性、时效性和实用性有待加强，职业教育供给效能还需提升。

1. 构建利益补偿机制以促进职业教育与产业融合发展

强化利益补偿机制是推动职业教育与产业实现深度融合发展的关

键所在。从中央到地方,包括职业院校与地方企业在内的各类参与者,均能从中获得显著的正外部效应。然而,当前职业院校毕业生就业困难与企业招聘技术工人困难并存的"双空穴"现象,凸显了职业教育与产业融合共生发展中的明显断裂。在推进产教融合的过程中,中央政府展现出了强烈的意愿,旨在通过实现全国或大范围内的融合共生,提升资源组合的效率。然而,地方政府、职业院校及地方企业等其他三类参与者的推动动机,却受到利益差异的影响。鉴于此,利益补偿机制的有效构建成为职业教育与产业有效实现融合共生发展的基本条件。这要求各级政府作为主管部门,与各参与主体协同合作,明确补偿的原则和目标,积极出台相关政策措施,以解决职业教育和企业面临的不确定收益和潜在成本问题。通过形成"中央政府—地方政府—职业院校—地方企业"的四级联动机制,完善校企合作育人成本分担机制,建立以政府为主导的成本分担体系,明确国家、省、市三级政府财政的成本分担比例,并规定地方政府配套的经费比例,以推动校企合作模式的发展。同时,推进企业参与校企合作税收减免等政策的实施,以分摊企业相应的育人成本。

2. 强化地方企业在职业教育与产业融合发展中的参与

地方企业作为职业教育与产业融合共生的核心需求方,在解决职业教育适应性"两头热一头冷"的困境中扮演着关键角色。职业教育与产业的深度融合发展,对地方企业而言,不仅具有强大的利益驱动效应,更是推动企业转型升级、提升综合竞争力的重要途径。产教融合需要职业院校与企业的深度协同推进,通过资源共享、优势互补,共同培养出符合市场需求的高素质技能型人才。这将为企业带来劳动者素质的整体提升、自主创新能力和核心竞争力的显著增强,以及文化软实力的不断提升等多重好处。

在高端人才竞争日益激烈的背景下,技能型人才已成为我国多数企业人才招聘的重点对象。然而,相较于大型企业,中小型企业对技能型人才的吸引力相对较弱。同时，随着国际分工和产品链、供应链的日益深化，技能型人才的培养和供给面临着新的挑战。一方面，技能型人才可能在短期内难以满足企业快速发展的需求；另一方面，其高流动性也给企业的管理和稳定带来了不小的挑战。因此，将技能型人才培养从外部化向内部化转变，即将传统的人才招聘模式转变为内部培养或与职业院校联合培养的模式，成为多数企业实现技能型人才可持续发展的重要策略。这一转变不仅有助于企业稳定人才队伍、提升员工技能水平，还能为企业带来长远的发展动力。对于欠发达区域而言，这一举措尤为重要，有助于推动区域经济的持续发展和产业升级。

然而，企业在参与职业教育与产业融合共建的过程中，也面临着多重内外部因素的影响。主要表现为资本投入的短期性与实效的长期性之间的矛盾、资本投入的显性与实效的隐性之间的矛盾，以及直接引进与合作开发之间的矛盾。从我国的发展实际来看，部分企业在投入上要求"短、平、快"的属性明显，这导致前述的两个矛盾呈现出不利于职业教育与产业融合发展的趋势。因此，企业要想有效实施产教融合，还需克服诸多困难和挑战，这需要较长的时间和努力。对于中小型企业而言，这一挑战尤为明显，需要企业加强内部管理、优化资源配置、提升创新能力等多方面的努力。

3. 以技能型人才为导向，弘扬工匠精神

工匠精神作为职业教育发展的灵魂，对于促进职业教育品质的全面提高具有重大意义。现代学徒制作为工匠精神传递的关键机制，其与现代工匠精神的有机结合，无疑为职业教育品质的进一步提升提供了新的动力。因此，工匠精神已成为我国职业教育向现代学徒制转型过程中的核心要素。

基于我国职业教育的实际情况，其培养的毕业生普遍展现出较强的实践操作能力，这与工匠精神所倡导的精益求精、专注敬业等特质高度一致。鉴于此，工匠精神与工匠意识融入职业教育，应当成为我国职业教育的新使命和核心价值。通过构建以工匠精神为核心的技能培养体系，可以进一步促进职业教育的发展，实现与工匠精神培养的内在联系与深度融合。在我国现行的教育体系中，职业教育是工匠精神培养的关键途径，是培育潜在工匠乃至大国工匠的摇篮。在经济新常态的背景下，企业发展对于高层次和技能型人才的需求日益增长，尤其是技术技能型人才更是成为企业竞争的核心资源。具备工匠精神特质的人才有着精湛的技艺、高度的责任感和创新精神，显然是企业所急需的宝贵资产。因此，工匠精神在职业教育的人才培养与企业的人才需求之间搭建了一座桥梁，为解决我国职业教育与产业发展相对脱节的发展难题提供了有效的解决路径。通过强化职业教育中工匠精神的培养，不仅可以提升毕业生的综合能力与就业竞争力，还可以为企业输送更多具备工匠精神的高技能人才，从而推动职业教育与产业的深度融合与协同发展。

（三）以科教融汇实现创新链与产业链的精准对接

"科教融汇"的核心在于实现科技创新与教育教学的深度交汇与融合。"科教融汇"作为一种全新的教育理念，标志着教育资源整合与协同发展策略从高等教育向职业教育领域的延伸。职业学校只有不断提高科技创新能力、提升应用型科研水平，才能更好地服务于学生全面发展和经济社会发展。当前，职业学校对科教融汇的理解不够深入，组织科研能力不强，多数教师科研素养相对较低，在产学研合作体系中的定位不明确，合作机制尚未磨合顺畅，难以将自身在技术技能方面的优势转化为协同创新的合力，高质量科研成果较少，成果转化应用率不高。最新调查显示，2022年第一申请人为高职院校的专利总量为46100件（含发明授权6051件），仅占全国专利总量的0.51%。近七成高职学校专利成果转化率为0。同时，职业学校以科研成果更新教学内容、反哺教学改革创新的层次不高，运用现代技术优化提升教育教学方法的创新能力尚且不足，要推进"科教融汇"取得实效还需要付出更多努力。

科教融汇作为创新驱动发展战略的核心驱动力，在应用层面展现出其独特价值与效能。它通过战略层面的深度互嵌、创新生态系统的精心构建、机制与政策的持续优化，以及广泛的国际合作伙伴网络拓展，形成了一套多维度、立体化的创新驱动机制。这一机制不仅显著加速了从科研成果到市场应用的转化流程，缩短了创新周期，提高了转化效率，还从根本上为创新活动指明了方向，确保其与国家政策导向及高等职业院校实际发展需求保持高度一致，为经济结构优化升级与产业跃迁提供了坚实的理论支撑和实践路径。这一过程不仅展示了从理论到实践的深度渗透，更凸显了科教融汇在塑造未来创新生态、提升国际竞争力及促进可持续发展中的战略意义。

四、完善服务全民终身学习的教育体系

党的二十大报告明确提出，建设全民终身学习的学习型社会、学习型大国。这一目标的提出，标志着我国教育现代化进入了一个新的发展阶段。构建完善服务全民终身学习的教育体系，旨在培养全民终身学习的兴趣和能力，通过实现普惠性人力资本提升，进而提高全体人民的教育水平、发展能力和综合素养，为国家治理现代化提供源源不断的人才支撑。学习型社会是指一个国民在一生中任何时间、任何地点都能自主灵活地选择学习机会和满足学习需求，其学习结果能够得到承认的社会。这是一个以终身教育为基础、以学习者为中心、人人都能终身学习的社会，旨在实现全体人民学有所教、学有所成、学有所用。然而，在实践中，终身学习教育体系的建设仍面临诸多挑战，如宣传"形式化"、平台"割裂化"、监管"模糊化"等。因此，建设

服务全民终身学习教育体系，需要从多个方面着手，包括体系框架先行、学习资源共享、数字技术应用、动态专家咨询、营造终身学习氛围以及完善教育评价标准等，以助推学习型社会的建设。

（一）统筹谋划学习型社会顶层设计

为肩负起学习型大国的教育担当，引领全民学习氛围，我国已出台了一系列政策文件。党的十九届四中全会、五中全会通过的相关文件以及《中国教育现代化2035》等文件，均强调了构建服务全民终身学习的教育体系的重要性，并提出了具体举措。这些政策文件不仅体现了党和国家的高度重视，也为建设和完善终身学习体系提供了重要抓手。

我国在研究和实践终身教育方面起步较晚，然而近年来已经取得了显著的进展。自20世纪70年代初终身学习的思潮传入我国以来，我国对终身教育的重视程度逐渐增加。1995年《中华人民共和国教育法》正式提出要"建立和完善终身教育体系"，这标志着我国对终身教育的重视上升到了法律层面。近年来，我国多个社区教育实验区与示范区的设立，进一步推动了终身教育的发展。同时，教育行政部门积极行动，大力推动并吸纳社会团体、企事业单位等民间组织机构参与建设终身学习教育体系，使得我国已经形成了多部门共同推动、多形式办学的发展格局。

为了进一步推动终身教育的发展，教育行政部门需要依据社会主义制度的优势、社会发展的方向以及终身学习的需求，构建一个完善的终身学习教育的"教育治理"和"教育运行"体系框架。这一体系框架需要充分考虑普通教育与职业教育之间的融通耦合机制，以及各个主体之间的关联特点。通过激发普通教育与职业教育之间的潜力，为终身学习教育体系提供高质量的服务，推动我国教育事业的持续发展。

（二）营造良好的全民终身学习环境

1. 学习资源共享机制的优化

为强化终身学习资源的共享特性，提升其利用效率，政府行政部门需出台相关政策措施，积极鼓励并引导各大院校面向社会公众开放其教育资源。在不影响在校师生正常教学与生活秩序的前提下，高等院校可向社会公众开放教室、图书馆等学习场所，并共享课程资料、教材等学习资源。此外，高等院校还应面向社会公众举办学术报告会、专题讲座、线上课堂等多元化活动，以增进公众对高等院校学习资源的了解，进而增强社会对终身学习教育体系的认同与接纳。

2. 数字技术在终身学习体系中的深度应用

教育信息化作为教育现代化的核心组成部分，对终身学习教育体系的发展具有深远影响。构建数字化、个性化、网络化的终身学习体系，需充分利用数字技术优化并提升终身学习平台的功能与服务，为公众提供更加便捷、高效的学习平台与资源。在此基础上，应积极探索并打造"数字技术＋终身学习"的教育模式，深入挖掘数字化终身学习平台在功能优化、资源共享、学习体验等方面的独特优势，以进一步增强全民终身学习教育体系的精准性与灵活性。利用信息技术手段记录并分析学习者的学习情况，及时提供具有针对性和精准性的学习指导，帮助学习者在学习过程中不断完善知识架构，提升学习效果。同时，借助网络技术手段提供丰富多样的教学体验，激发学习者的学习兴趣，营造轻松愉悦的学习氛围，从而提升学习者的学习满意度与参与度。

3. 学习氛围营造与终身学习教育体系的完善

终身学习教育体系和学习型社会的建设不应局限于学校教育领域，而应充分发挥企业、行业机构等社会力量的积极作用。教育行政部门应深入分析并研究学校、企业、行业、机构等教育主体之间的对接机制，明确终身学习教育体系的价值与效能，精准投入有效资源，促进终身学习体系的健康、可持续发展。同时，应加大社会资金对终身学习教育体系的支持力度，建立实践教育基地和体验学习基地，实现校内与校外的互联互动，为全社会各个年龄段及不同教育需求的人群提供专业教育与服务，推动终身学习教育体系与学习型社会的全面建设与发展。

（三）构建全民终身学习的推进机制

当前，我国的教育结构体系具有典型的金字塔形特征，即接受高层次高等教育的人员在人才培养存量中比重偏小，需要持续推进教育提质升级，构建好覆盖全民的终身学习机制。

1. 专家咨询机制

为建设一个完善的终身学习教育体系，我们必须依靠坚实的理论基础和明确的指导方针。这需要我们坚持并完善专家咨询机制。教育行政部门应当积极行动，与来自各个领域的专家学者进行合作，共同组建一个多元化的专家智库，或者建立起一个全面的专家咨询库。通过这样的机制，我们可以确保在终身学习体系的构建过程中，能够不断获得来自各领域专家的智慧和建议。

为了实现这一目标，教育行政部门可以采取多种措施。首先，定期举办专家交流会是一个非常有效的方式。在这些交流会上，来自不同学科和行业的专家可以分享他们的研究成果和实践经验，相互启发，共同探讨终身学习体系的构建和发展方向。其次，建立线上工作平台也是一个重要举措。通过这样的平台，专家们可以不受时间和空间的限制，随时随地进行交流和合作，提高工作效率。再次，成立终身学习课题研究组也是一个关键步骤。通过设立专门的研究小组，可以集中力量对终身学习体系中的关键问题进行深入研究，提出切实可行的解决方案。最后，创建一个对外开放的专家咨询平台也是非常重要的。

这样的平台可以让社会各界人士都能够接触到专家的智慧和建议，从而提高公众对终身学习重要性的认识，推动整个社会形成良好的学习氛围。

综上所述，通过坚持和完善专家咨询机制，教育行政部门可以为终身学习教育体系的建设提供坚实的理论支持和实践指导，从而推动终身学习理念在全社会的广泛传播和深入实施。

2. 教育评价机制

为了适应社会发展的需求和教育现代化进程，教育评价体系的构建必须具备前瞻性，以满足终身学习理念对教育提出的新要求。一个完善的终身学习教育评价体系应当从评价标准和评价内容两个核心方面入手，以科学的方法评估当前终身学习教育的现状，并明确其未来的发展方向。

首先，在评价标准方面，我们需要完善现有的评价体系，明确教育督导、质量检测、教学评估等机构的设置和职能配置。这将有助于确保评价工作的专业性和权威性，从而提高评价结果的可信度和实用性。具体而言，应当制订一套全面、科学、合理的评价指标体系，涵盖教育质量、教学效果、学生发展等多个维度，以全面反映终身学习教育的实际情况。

其次，在评价内容方面，应当增加更多维度的评价内容，以全面评估终身学习教育的效果。例如，可以将学生的创新能力、实践能力、团队协作能力等非智力因素纳入评价体系，以促进学生全面发展。此外，还可以利用人工智能、大数据等现代信息技术手段，优化数据获取渠道，提高数据处理的效率和准确性。通过构建一个综合性的教育质量监测评估平台，实现对终身学习教育的实时监控和动态评估，从而为教育决策提供科学依据。

最后，我们还应当加强对弱势群体的扶持和帮助，确保他们能够享受到公平的教育机会。通过提高培训质量，优化教育资源配置，促进教育培训的公平与公正，使每一个人都有机会参与到终身学习的进程中，实现个人价值和社会价值的双重提升。只有这样，我们才能真正构建一个科学、公正、高效的终身学习教育评价体系，为社会的可持续发展提供有力支持。

综上所述，构建全民终身学习的学习型社会与学习型大国是一项复杂而艰巨的任务，需要政府、学校、企业以及社会各界共同努力，从顶层设计、资源共享、数字技术应用、学习氛围营造以及推进机制构建等多个方面着手，共同推动终身学习教育体系的建设和完善。

第五章

在深化改革创新中激发教育发展活力

全面深化改革是新时代中国的鲜明特征。教育，是全面深化改革的重要领域。[1] 党的二十届三中全会通过的《中共中央关于进一步全面深化改革、推进中国式现代化的决定》提出，"教育、科技、人才是中国式现代化的基础性、战略性支撑"，从提升国家创新体系整体效能出发，统筹推进教育科技人才体制机制一体改革，对深化教育综合改革作出系统部署。[2] 推进教育现代化、建设教育强国、办好人民满意的教育，必须坚持深化教育改革创新。

一、深化办学体制和教育管理改革

中国特色社会主义进入新时代以来，全面深化改革持续向纵深推进，教育领域改革也取得了突破性进展，深化教育体制机制改革框架基本形成。但由于改革的复杂性，目前我国教育领域还存在一些突出问题和短板[3]，对此，必须着眼实现教育强国目标，实现教育治理体系和治理能力现代化，继续推进人才培养模式创新、深化教育领域"放管服"改革、加强教材建设和管理、完善教育立法和实施机制等各方面改革。

（一）推进人才培养模式创新

人才培养是教育的首要任务。人才培养模式是教育标准、内容与

---

[1] 欧媚、柴葳：《以改革创新激发教育强国建设新动能：六年来我国教育事业发展成就述评之四》，《中国教育报》2024年9月6日。
[2] 本书编写组：《党的二十届三中全会〈决定〉学习辅导百问》，党建读物出版社、学习出版社2024年版，第21页。
[3] 马陆亭、刘承波：《继续推进教育体制改革创新》，《人民论坛》2019年第6期。

方法的统一，是教育改革创新的关键环节，直接关系人才培养质量和教育目标的实现。习近平总书记指出："人才是创新的根基，创新驱动实质上是人才驱动，谁拥有一流的创新人才，谁就拥有了科技创新的优势和主导权。"[1]建设教育强国，必须进一步深化人才培养模式改革，全面提升人才培养质量。

1. 坚持用马克思主义理论铸魂育人

马克思主义深刻揭示了自然界、人类社会、人类思维发展的普遍规律，为人类社会发展进步指明了方向，是我们认识世界、把握规律、追求真理、改造世界的强大思想武器，是我们党和国家必须始终遵循的根本指导思想。[2]深化人才培养模式改革，要坚持用马克思主义理论铸魂育人，落实立德树人根本任务，铸牢社会主义建设者和接班人听党话、跟党走的思想根基。我们党历来重视马克思主义理论的教育和武装。尤其是改革开放以来，我国教育方针不断调整完善，但始终坚持马克思主义的根本指导地位。改革开放初期，党实现了拨乱反正，把工作重心从"以阶级斗争为纲"转移到"以经济建设为中心"上来，在全党重新确立了马克思主义的思想、政治和组织路线。1985年5月，中共中央作出《关于深化教育体制改革的决定》[3]，强调"要坚持用马克思主义教育广大师生"。此后，我们党始终把马克思主义理论作为教育办学的根本指导，注重加强学生的思想政治和品德教育。1993年2月，《中国教育改革和发展纲要》明确，"用马列主义、毛泽东思想和建设有中国特色的社会主义理论教育学生，把坚定正确的政治方向摆在首位"[4]，并提出了"四有"[5]人才培养目标。1998年，《面向21世纪教育振

---

[1] 《习近平关于科技创新论述摘编》，中央文献出版社2016年版，第122页。
[2] 张晓飞、刘荣刚：《学习马克思主义基本理论是共产党人的必修课——学习习近平总书记关于理论学习的重要论述》，《学习时报》2022年6月6日。
[3] 晋浩天、邓晖：《三十年，教育改革再出发》，《光明日报》2015年6月2日。
[4] 《十四大以来重要文献选编》（上），人民出版社1996年版，第77页。
[5] "四有"，即有理想、有道德、有文化、有纪律。

兴行动计划》提出，推进"邓小平理论'进教材、进课堂、进学生头脑'工作的步伐，用邓小平理论武装大学生"[1]。2001年，《国务院关于基础教育改革与发展的决定》要求"高中阶段注重进行马列主义、毛泽东思想和邓小平理论基本观点教育。[2] 2010年，《国家中长期教育改革和发展规划纲要（2010—2020年）》也明确提出了高举中国特色社会主义伟大旗帜，深入学习贯彻党的创新理论，把党的理论创新最新成果及时灌输给学生，巩固和坚定学生的信念和信心。[3] 无论是提出"四有"人才培养目标，还是强调将社会主义核心价值体系融入国民教育全过程，都体现了马克思主义理论在办学治校和人才培养中的引领作用。

中国特色社会主义新时代，各级教育把立德树人作为根本任务，推动习近平新时代中国特色社会主义思想进教材进课堂进头脑，加强学生理想信念培塑和思想政治教育。2019年，中共中央、国务院印发《中国教育现代化2035》，将"学习习近平新时代中国特色社会主义思想"作为推进教育现代化的首要政治任务，对推进大中小学思想政治教育一体化作出安排，引导学生正确认识世界和中国发展大势，树立为共产主义和中国特色社会主义理想奋斗的信念和信心。[4] 2024年9月，习近平总书记在全国教育大会上提出要实施"新时代立德树人工程"，坚持用党的创新理论铸魂育人。因此，在推进人才培养模式创新的过程中，我们必须继续强化马克思主义理论在教育领域的指导地位，坚持用中国化时代化的马克思主义指导办学治校和人才培养，落实党中央关于教育发展的一系列战略谋划，培养造就一大批合格的社会主义

---

[1] 《十五大以来重要文献选编》（上），人民出版社2000年版，第743—744页。
[2] 国务院：《国务院关于基础教育改革与发展的决定》（国发〔2001〕21号）。
[3] 中华人民共和国教育部：《国家中长期教育改革和发展规划纲要（2010—2020年）》（中发〔2010〕12号）。
[4] 《中共中央、国务院印发〈中国教育现代化2035〉》，新华网，2019年2月23日。

建设者和接班人，为国家的繁荣富强和民族的复兴贡献力量。

2. 完善教育质量标准体系

"标准是可量化、可监督、可比较的规范，是配置资源、提高效率、推进治理体系现代化的工具，是衡量工作质量、发展水平和竞争力的尺度，是一种具有基础性、通用性的语言。"[1] 教育质量标准是关于教育改革和发展的规范性要求，既是推动教育发展的基本依据，也是衡量教育发展水平的重要参考。根据时代发展要求，不断完善教育质量标准，是深化人才培养模式、促进教育改革创新的重要内容。

1993年，《中国教育改革和发展纲要》首次提出"建立各级各类教育质量标准和评估体系"的要求。此时，教育质量标准的制定主要集中在经费投入、学校设置、教学设备设施等教育保障方面。例如，《中国教育改革和发展纲要》提出"逐步完善国家财政性教育经费支出占国民生产总值的比例"，1995年，《中华人民共和国教育法》进一步规定教育经费的"三个增长"[2]。1998年，《中华人民共和国高等教育法》对"高等学校的设立"进行立法规范。进入21世纪，我国教育质量标准进一步拓展，从教育保障拓展到教学、课程、师资等教育的各个方面。2001年，《国务院关于基础教育改革与发展的决定》提出"制定国家课程标准"和"中小学教材版式的国家标准"等要求。[3] 此后，《城市普通中小学校舍建设标准》（2002年）、《关于进一步加强农村教育工作的决定》（2003年）和《2003—2007年教育振兴行动计划》（2004年）等政策文件相继出台，对教师编制、教师聘任和教师培训等作出要求。2010年，国务院印发《国家中长期教育改革和发展规划纲要（2010—2020年）》首次明确"制定教育质量国家标准"，要求"制定学前教育

---

[1] 中华人民共和国教育部：《教育部关于完善教育标准化工作的指导意见》，2018年11月27日。
[2] "三个增长"，即各级人民政府教育财政拨款应当高于财政经常性收入的增长，在校学生人均教育经费逐步增长，教师工资和学生人均公用经费逐步增长。
[3] 国务院：《国务院关于基础教育改革与发展的决定》（国发〔2001〕21号）。

办园标准""国家义务教育基本标准和监测制度"和"职业学校基本办学标准"等各级各类学校办学标准，教学质量建设进入制度化、规范化阶段。此后，《教师教育课程标准》（2011年）、《教育管理信息 教育管理基础代码》等七个教育信息化相关标准（2012年）、《教育部关于推进中小学教育质量综合评价改革的意见》（2013年）、《义务教育学校管理标准》（2017年）、《普通高等学校本科专业类教学质量国家标准》（2018年）、《中华人民共和国学位法》（2024年）等教育法规和标准文件相继出台，实现教育标准有效供给[①]，我国教育质量标准建设进入高质量发展新阶段。

3. 探索有利于个性发展的人才培养模式

创新人才培养模式是提高人才培养质量的关键环节。党和政府着眼实现人的全面发展，注重因材施教，持续推进教育教学方式创新，推动人才培养模式迭代更新，探索有利于个性发展的人才培养新模式。

中华人民共和国成立之初，我国人才培养模式深受苏联教育思想的影响，形成了以教师为主导的灌输式教育模式。改革开放以后，以布鲁纳、巴班斯基、布卢姆等为代表的西方教育学者的论著传入中国，基于认知心理学的结构主义课程理论、教学过程最优化的理论等西方教育思想和理论在我国广泛传播，促使我国教育者对我国现有教育理论和实践的反思，逐步认识到现有人才培养模式的弊端，比如，"教学内容陈旧、教学方法僵化、实践环节缺失、专业设置狭窄，脱离经济社会发展现实"，不能适应社会主义现代化建设急需大量高素质人才的现实需求。为此，党和国家开启了教育教学模式改革创新之路。《中国教育改革和发展纲要》要求，"进一步转变教育思想，改革教学内容和教学方法，克服学校教育不同程度存在的脱离经济建设和社会发展需要的现象"，开启了以"更新教学内容，调整课程结构。加强基本知

[①] 中华人民共和国教育部：《教育部关于完善教育标准化工作的指导意见》，2018年11月27日。

识、基础理论和基本技能的培养和训练,重视培育学生分析问题和解决问题的能力,注意发现和培养有特长的学生"为主要内容的教学模式改革创新。进入21世纪,党和国家洞察教育发展趋势,瞄准世界前沿开展教育教学改革创新和教育科学研究,在关注基础知识、基本技能训练的同时关注情感、态度的培养。[1] 随着国家义务教育阶段新课程改革方案的实施,遵循教育规律和人才成长规律,坚持以学生为中心,关注学生人格成长和个性发展的培养理念不断得到落实,多样化教学方式不断推行,促进学生"主动地、富有个性地学习"成为重要的改革内容。

进入新时代,我国坚持"人才是第一资源"的基本理念,着眼实现教育现代化目标,进一步加大人才培养模式改革创新力度,不断提升人才培养质量。2019年2月,《中国教育现代化2035》将"更加注重因材施教""更加注重知行合一"列为支撑教育现代化、建设教育强国的基本理念[2],推动我国人才培养理念从"以教定学"向"以学定教"的重大转变,以学生为中心的教育教学标准进一步巩固。党的二十大报告提出,"坚持为党育人、为国育才,全面提高人才自主培养质量,着力造就拔尖创新人才,聚天下英才而用之"[3]。这既是对高等教育提出的战略目标,也是对基础教育特别是高中教育提出了更高要求,为新时代人才培养模式改革创新指明了前进方向、注入了强劲动力。

(二)深化教育领域"放管服"改革

在推进教育强国建设进程中需要持续深化"放管服"改革。其中,"放"的关键是推进教育领域简政放权,厘清政府、学校、社会的关系,解决好放哪些、怎么放、放给谁等基本问题。针对不同教育层次,

---

[1] 刘世清、袁振国等:《教育强国之路》,上海人民出版社2021年版,第241—245页。
[2] 《中共中央、国务院印发〈中国教育现代化2035〉》,新华网,2019年2月23日。
[3] 《习近平著作选读》第1卷,人民出版社2023年版,第28页。

采取有针对性举措推进教育领域简政放权落地落实,激发教育发展活力和创造力。

1. 深化高等教育领域"放管服"改革

2017年4月,教育部等五部门联合印发的《关于深化高等教育领域简政放权放管结合优化服务改革的若干意见》,对高等教育领域的放管服改革进行全面部署[①],从完善高校学科专业设置机制、改革高校编制及岗位管理制度、改善高校进人用人环境、改进高校教师职称评审机制、深化大学薪酬制度改革、完善和加强高校经费使用管理、完善高校内部治理、强化监管优化服务等方面深化高等教育领域"放管服"改革,全面贯彻党的教育方针,坚持社会主义办学方向,完善中国特色现代大学制度,破除束缚高等教育改革发展的体制机制障碍,进一步向地方和高校放权,给高校松绑减负、简除烦苛,让学校拥有更大办学自主权,激发广大教学科研人员教书育人、干事创业的积极性和主动性,培养符合社会主义现代化建设需要的各类创新人才,培育国际竞争新优势。

2. 深化基础教育领域"放管服"改革

2020年9月,教育部等八部门出台《关于进一步激发中小学办学活力的若干意见》,围绕破解制约基础教育改革发展的体制机制问题提出了系统的解决方案。[②] 基础教育领域"放管服"改革,要从保障学校办学自主权、增强学校办学内生动力、提升办学支撑保障能力和健全办学管理机制等方面发力,激发中小学办学活力,提高办学支撑保障力,不断提升基础教育质量水平,为学生的成长和成才提供良好的支撑。保障学校办学自主权就是要扩大在教学、人事、经费使用等办学关键

---

① 中华人民共和国教育部:《教育部等五部门关于深化高等教育领域简政放权放管结合优化服务改革的若干意见》(教政法〔2017〕7号)。
② 中华人民共和国教育部:《教育部等八部门关于进一步激发中小学办学活力的若干意见》(教基〔2020〕7号)。

环节的自主权，鼓励学校根据自身实际、因地制宜办学，积极进行教学改革探索，支持学校开展特色办学，提升教学水平。激发中小学办学活力就是要调整优化管理评价指挥棒，通过校内激励、校园文化引领、榜样示范等多种途径，促进中小学教学回归教育初心，走内涵式发展道路。中小学的健康有序发展离不开有力的办学支撑保障，需要通过选好配强中小学校长、加强条件建设、引导社会资源支撑办学和优化管理体制机制等多种途径，为中小学办好学提供有力支撑保障。

（三）加强教材建设和管理

"国立根本，在乎教育，教育根本，实在教科书。"[1]党的二十大报告提出"加强教材建设和管理"。教材建设体现国家意志，是国家事权。教材是教育的根本，是知识传播和更新的重要载体，是深化教育教学改革的重要内容，是推进教育现代化的关键环节。[2]好的教材在教学中发挥着稳定教学秩序、提高教学质量、创新教学内容、主导教学方向的作用。[3]落实教材建设国家事权，加强教材建设和管理，是推进实施科教兴国战略、人才强国战略、创新驱动发展战略的基础性、战略性工程。[4]党的十八大以来，党和国家高度重视教材建设和管理，先后出台一系列教材管理的办法和规划：《中小学教材管理办法》（2019年）、《职业院校教材管理办法》（2019年）、《普通高等学校教材管理办法》（2019年）、《"十四五"普通高等教育本科国家级规划教材建设实施方案》（2023年），这些政策文件的发布，对新时代教材建设作出顶层谋划，推动各级各类教材建设步入规范化高质量发展轨道。

---

[1] 由近代教育家陆费逵在《中华书局宣言书》中提出。
[2] 周俊华：《与时俱进推进教材建设》，《光明日报》2024年4月30日。
[3] 冯永平、吕守华、刘生梅：《加强教材建设与管理，保证和提高教学质量》，《中国大学教学》2002年第12期。
[4] 靳晓燕：《培根铸魂提高课程教材建设水平》，《光明日报》2021年8月25日。

1. 加强中小学教材建设

加强中小学教材建设和管理是落实立德树人根本任务的基础性、支撑性工程，是深化基础教育课程教学改革，强化育人效应，建设教育强国、人才强国的重要支撑。

坚持正确政治导向，发挥教材"铸魂启智"的育人功能。落实落细教材建设的思想性和政治性要求，贯彻培根铸魂，扎实做好党的创新理论进教材、进课堂、进头脑，突出党的最新理论创新和实践创新成果的价值引领功能；抓紧抓实教材建设的科学性，聚焦启智增慧，中小学教材建设应遵循学生学习规律和人才成长规律，重在启蒙引领、情境体验与实践探究，确保教材内容科学准确，既要传承经典，也要与时俱进。[1]

坚持科学规范标准，巩固教材"知识源头"的根本地位。中小学教材是教学实施过程中的权威文本，也是受众上亿的精读文本，是师生最看重、影响最深远的教学文本。因此，中小学教材建设要深化教材理论研究和应用研究，提升教材的科学性、理论性和应用性。[2]

注重科学治理，规范教材管理秩序。坚持教材体系治理的协同性，强化全员、全程管理，关注编修、审核、出版、选用、评估等全环节；强化教材体系保障的系统性，教材建设管理是一项复杂的系统工程，必须统筹强化人员保障、资金保障，以及编写、修订与研究保障，强化专业队伍建设、强化资金管理职责与经费落实，注重以教材研究进一步助推课程实施的深化变革。

2. 加强职业院校教材建设与管理

职业院校教材建设与管理要以全国职业教育大会和全国教材工作会议精神为指引，推动《关于推动现代职业教育高质量发展的意见》

---

[1] 崔允漷：《强化中小学教材建设 提高人才自主培养质量》，《人民教育》2024年第2期。
[2] 王娇娇、张增田：《新时代我国中小学教材建设：成就、问题与建议》，《教育科学研究》2023年第10期。

和《职业院校教材管理办法》等规划文件落地，以服务职业教育高质量发展为目标，建设中国特色高质量职业教育教材体系。

一是贯彻落实立德树人根本要求，确保教材建设正确方向。教材是实现意识形态传播和教育的重要载体，对学生世界观、人生观和价值观形成有重要的影响。职业院校教材建设和管理必须要坚守社会主义办学方向，基于国家职业院校教材体制整体设计，结合职业教学实际和特点，强化顶层谋划，推动党的创新理论有机融入各级各类职业院校教材中；强化职业院校思政课国家统编教材建设，确保职业教育的正确政治方向和价值取向；以课程思政建设为抓手，将红色资源融入职业教材建设，促进专业课教材和思政课教材同向同行。[1]

二是抓住教材编写中心环节，不断提高教材建设质量。编写教材的关键环节，直接决定教材建设质量和水平。教材编写一要严格落实国家职业教学专业标准，提高教材编写的规范性、科学性和权威性；二要紧贴时代要求和新兴专业发展趋势，加强专业教材编写，突出职业教育专业教材的实践性特点，推行项目化、任务化和案例式教学内容体系；三要创新教材呈现形式，充分借鉴运用数字化、可视化技术手段，打造新形态教材。

三是严格教材建设管理，规范教材选用秩序。理顺教材管理体制机制，教育部、省级教学行政部门和职业院校各司其职，构建权责统一、职责明确的职业教材管理体制，完善教材立项、编写、出版、定价和发行的全流程管理制度，严格教材审核把关，做好教材选用，注重教材选用跟踪调查和信息反馈，建立健全淘汰教材退出机制，确保职业教育教材建设和管理规范有序。

四是强化激励保障，打造高水平教材建设队伍。强化教材编写激励，引导优秀教师参与教材编写，建强教材编写人才队伍。要将教材

---

[1] 范竹君、徐国庆：《在规制与市场之间：职业院校教材管理体系的构建》，《职教论坛》2020年第4期。

编写和教师的职业发展与实际利益结合起来，将高层级高水平教材和专业急需教材等重点教材编写计入科研成果统计，与相同层级的科研项目同等对待。在评优评先、职称评定、职务（岗位）晋升方面充分考虑教材编写工作业绩，对于高水平高效益教材编写要予以重点倾斜，还要落实国家和地方相应的教材编写奖励制度，引导优秀人才编写高质量教材。

3. 加强普通高等学校教材建设与管理

高等学校是培养高素质人才的主阵地，高等学校教材是决定人才培养质量的关键要素之一。高校教材建设要紧贴高等教育特点和规律，紧贴时代特征和发展趋势，紧贴学生学习特征和认知特点，不断提升教材建设和管理水平。

一是统筹推进思政课全国统编教材和学校自编特色教材建设。思政课教材政治性、实效性强，必须紧跟党的实践创新和理论创新步伐，加强思政课全国统编教材的新编和修订工作，确保党的实践创新和理论创新的最新成果能够在第一时间进入教材，确保思政课全国统编教材的思想性和权威性。在做好全国统编教材的同时，鼓励各高校结合地区和学校实际自编校本特色教材，构建既坚持统一的政治标准，又有一定个性特点的多元化思政课教材体系。

二是围绕重点领域打造紧贴科技前沿的核心教材。学科是高等教育的关键支撑。高等教育教材建设要紧贴学科发展，在新工科、新医科、新农科、新文科等重点领域，尤其是国家急需的战略性新兴领域和紧缺专业领域、关键学科领域，组织教授、院士等高水平专家领衔，推出一批反映国际学术前沿、国内高水平研究成果的高质量教材，以高水平教材支撑高等教育高质量发展。

三是推进经典教材的传承和创新。按照教育部的部署要求，建立对使用时间长、影响范围广、师生认可度高的优秀教材的传承创新机制，充分发挥经典传承教材的典范性、权威性和创新性示范作用，持续提升经典教材的生命力和影响力。教材的生命力在于与时俱进、守正创新。①经典教材要在创新中传承，处理好"变"与"不变"的辩证关系，紧贴学科发展和教育教学改革成果，在传承中创新，在创新中发展。

四是探索新形态教材建设发展。顺应社会数字化、智能化发展趋势，运用现代数字信息技术赋能高等教育教材建设，实现新时代教材呈现形式的数字化、智能化，打造符合新时代大学生阅读习惯和认知特点的新形态教材，为推进高等教学数字化、智能化提供有力支撑。

（四）提升教育法治化水平

法治是激发教育发展活力、保障教育秩序的重要手段。教育法治化是教育现代化的必然要求。要充分发挥法治在教育发展全过程中的规范性作用，确保教育现代化事业在法治化轨道上行稳致远。

1. 搞好前瞻性的规划和设计

推进教育法治化是长期的系统工程，涉及党和政府、社会和学校各方主体，受到教育系统内外各种因素影响。推进教育法治化建设，必须搞好前瞻性设计和谋划。②根据教育发展现状及未来趋势，精准把握教育法治化建设需求，以实现教育治理体系和能力现代化为牵引，构建科学完善的教育法治体系。促进各地在落实全国性教育法规基础上，结合本地发展水平和教育实际，因地制宜完善地方性教育法规，消除教育下位法简单"复印"上位法的现象，让各地地方性教育法规成为规范本地教育运行的基本依据。

2. 提高教育立法质量

高质量教育立法是实现教育法治化的基础和前提。立法质量关乎教育改革和发展，关乎教育公平和质量，关乎教育现代化建设。不断

---

① 巩永丹：《着力打造经典传承教材》，《光明日报》2023年12月15日。
② 田晓苗：《中国教育法治化：历程、问题与反思》，《国家教育行政学院学报》2015年第2期。

完善教育立法，推动教育体制改革和教育教学模式创新，规范教育教学活动，建立公平的教育制度，保障每个人都能享有平等的受教育权利，消除教育资源的不均衡，建立健全教育质量评估机制，以教育立法质量促进教育发展质量，提升教育运行法治化规范化水平。此外，在推进教育立法过程中，要优化教育立法流程，充分吸收和反映民意。当今社会，教育日益成为老百姓关注的民生工程，人们对教育的关注越来越高，依法治教的理念越来越深入人心，各地在教育立法过程中应通过召开听证会、网络调查等形式充分吸收民意，听取民众意见建议，让教育立法更好地反映群众呼声和诉求。

3. 健全法律执行和监督体系

提升教育法治化水平关键要健全法律执行和监督体系。在完善教育立法的基础上，全面提升广大教师和教育管理者的法治意识和法治思维，通过广泛宣传和学习，普及教育相关法律知识，让法治成为教育者、教育管理者的基本信仰，建立克服传统政策思维，消除"人治"残余的刚性制度机制，构建保障学校办学自主权和学生学习自主性的法治保障机制，消除教师与学生的"权利危机"[1]。健全教育法治化的多元化监督机制。教育法治化的监督不仅靠相关行政部门和纪检监察部门，还需要协调教育的各方利益主体、舆论媒体和社会大众的监督作用，实现专家学者的专业化评价和社会大众、社会团体的社会监督的有机融合，形成监督合力，确保法律的完整准确贯彻实施。[2]

4. 加强教育法治化专业队伍建设

教育法治化离不开一支专业化的法治队伍。一方面，建设一支高素质的教育立法队伍。教育法律法规的制定，既依赖完善科学的立法程序，更依赖立法人员的专业水平。教育立法人员不仅需要掌握立法

---

[1] 苑野、董新凯：《加快法治化：高等教育治理能力提升的切实路径》，《江苏高教》2021年第1期。
[2] 田晓苗：《中国教育法治化：历程、问题与反思》，《国家教育行政学院学报》2015年第2期。

程序和法律知识，同时还需要掌握丰富的教育学专业知识，善于把握教育中面临的突出问题，从而进行针对性立法。此外，专业化的立法队伍需要具备改革创新精神，敢于突破条条框框限制，站在国家和民族长远发展大局审视教育问题，秉持"不唯上""不唯书""只唯实"的实事求是精神，广泛汇民意聚民智，制定符合教育发展规律，反映人民普遍愿望的法律法规。另一方面，建设一支高水平教育行政执法队伍。教育行政机关必须坚决贯彻依法行政要求，严格在法定的职权范围内行使相应职权，坚决杜绝以权谋私、滥用职权的行为。与此同时，制定完善的教育救济制度保障公民的合法权益，广泛吸纳社会上的优秀人才充实教育行政执法机关，打造专业化的执法队伍。

二、从根本上解决教育评价指挥棒问题

《深化新时代教育评价改革总体方案》指出，"教育评价事关教育发展方向，有什么样的评价指挥棒，就有什么样的办学导向"。推进教育现代化，建设教育强国，必须从根本上解决教育评价指挥棒问题，提升教育治理体系和治理能力现代化水平。

（一）破"五唯"顽瘴痼疾

在教育领域，唯分数、唯升学、唯文凭、唯论文、唯帽子，简称"五唯"，是当前教育评价的顽瘴痼疾。破除"五唯"顽瘴痼疾，要直面问题，剖析"五唯"问题产生根源，找准关键环节进行改革创新，铲除"五唯"现象滋生土壤，才能根治这一顽瘴痼疾。

基于"五唯"的教育评价体系产生的根源是锦标赛制在教育领域的应用和泛化。[①] 改革开放以来，随着我国由计划经济体制向市场经济

---

① 陈先哲：《"五唯"的制度根源与根本治理》，人民网，2019年10月8日。

体制转型，优胜劣汰的竞争机制逐步建立，并向各领域渗透，锦标赛制管理机制在教育领域得到普遍运用，一定程度上推动了教育事业的跨越式发展，却也在一定程度上造成了教育评价的功利化倾向，导致"五唯"现象的产生。

一是过度竞争。学校的办学过程、老师的教学过程和学生的学习过程评价标准被简化为"分数"和"升学"，导致为了获得更好"分数"和"升学"进行机械的重复训练，而忽视了教育培养人塑造人的核心使命。学校之间也因此过度竞争，学生课业负担不断加重。课外培训机构在资本逻辑裹挟下向家长贩卖焦虑，课外辅导竞争也不断加剧，超前学习和竞赛培训之风愈演愈烈，学生完全没有了课余时间。在这种过度竞争氛围下，学生的身心健康受到极大损害。这也导致学生在大学阶段出现各种心理疾患，学习后劲不足，批判性思维和创新能力不足等问题。

二是锦标赛制度导致评价扭曲。在锦标赛制度下，教育行政部门习惯用显性化的量化指标对学校进行评价分级[1]，并与教育资源分配密切相关。从管理角度看，这种量化指标简单易行，往往也能够得到家长的认可。相同的逻辑下，在学校内部管理中，"文凭""论文""帽子"也成为量化教师工作、划分教师等级的便捷易行的工具，成为与教师职称晋升和个人利益休戚相关的考核指标。在锦标赛制度加持下，学校也成为"名利场"，学校急功近利，教师追名逐利，学生的成长和塑造以及教育的功能和意义被抛之脑后。这种扭曲的教育评价方式阻碍着教育健康发展。

三是教育评价的简单化。"五唯"现象也是教育评价简单化的必然结果。学校和学生学习评价简化为"分数"和"升学"，教师的评价简化为"文凭""论文"和"帽子"，这种片面化、表象化的评价方式

---

[1] 马瑞、冀小婷：《破"五唯"：矫正教育评价"指挥棒"》，《天津师范大学学报（社会科学版）》2021年第3期。

忽视了鲜活的教学过程,忽视了个性化的学生和教师主体,把充满生命力、创造力和丰富情感的教学抽象为冰冷的数字,也容易打击教师的教学积极性和学习积极性。学生为分数而学,教师为了"论文""帽子"而应付教学,为科研而科研成为一种比较常见的现象。

(二)深化考试招生制度改革

考试招生制度是在教育领域发挥"牛鼻子"作用的基本制度。深化招生制度改革,是实现教育现代化、建设教育强国的关键环节。新时代以来,党和政府高度重视招生制度改革,先后出台《关于深化考试招生制度改革的实施意见》《深化新时代教育评价改革总体方案》等政策文件,对考试招生制度进行全面系统改革取得显著成效。面向未来,我们贯彻落实全国教育大会精神,需要坚持目标导向、问题导向和效果导向,不断深化考试招生制度改革。[①]

一是坚持系统集成。高考制度改革是一项牵一发而动全身的系统工程。深化高考制度改革,不能仅关注高考本身,要注重基础教育、高等教育、职业教育等教育内部各系统的集成谋划,做好各学段各类型教育的协同和衔接,做好各项改革举措的联动和配套。同时,做好教育系统与社会系统的集成,加强对招生考试制度改革政策的宣传解读,做好招生考试制度改革的相关支持和配套工作,坚持系统治理思维,增强改革的系统性、整体性和协同性。

二是坚持维护教育公平。维护教育公平正义,进而促进社会公平正义,是招生制度改革的基本价值取向。世界银行发布的政策报告《含着金钥匙出生:全球教育成就不平等》认为,全球学习成果存在巨大的不公平。[②]目前,我国教育资源分布的地区差异还比较明显,具有"东强西弱、东多西少"的明显特征。因此,保障教育公平是考试招生

[①] 王辉:《在新征程上不断深化考试招生制度改革》,《中国考试》2024年第10期。
[②] 田慧生:《推进考试招生制度改革保障教育公平》,《中国教育报》2016年6月23日。

制度改革的基本价值取向，要通过中西部地区协作计划、重点高校招收农村和原贫困地区学生专项计划及随迁子女在流入地参加高考、规范高考加分、防范和打击"高考移民"以及加强监督等相关改革举措，积极应对教育不公平现象，完善公共教育资源的公正分配与高效管理机制，兼顾效率与公平，以教育公平促进社会公平。

三是坚持效果导向。招生考试制度关乎学生成长成才，关乎人民群众切身利益，也关乎国家长远发展。因此，推进招生考试制度改革，要坚持效果导向，注重改革成效，要以人民满不满意为最高标准。注重招生考试制度改革对学生成长成才与长远发展、高中教育与学校建设、高校人才选拔与培养等方面的综合成效。要结合学生、教师、学校、家长等相关方面的实际需求和利益，对改革过程进行系统全面评估，及时复盘总结经验教训，推进招生制度改革走深走实，行稳致远。

（三）做好"四个评价"

从根本上解决教育评价指挥棒的问题，关键是要搞好结果评价、过程评价、增值评价、综合评价"四个评价"。这是《深化新时代教育评价改革总体方案》的一个突出亮点，也是推进教育评价科学化的重要途径。"四个评价"是一个有机整体，一体化推进结果评价、过程评价、增值评价和综合评价改革，才能更好地发挥教育评价指挥棒作用。

1. 做好"四个评价"面临的主要挑战

真正落实好"四个评价"并不容易，做好"四个评价"还面临诸多深层次矛盾问题需要克服。例如，中国几千年人情社会传统带来的"人情权钱"等因素对评价的干扰。结合现有研究成果，做好"四个评价"需要克服以下主要挑战。

一是评价的"主观性"与人情权钱的干扰。无论什么样的评价，最终需要靠具体的人来实施，必然涉及评价主体的主观性因素。有学者认为，主观主义方法论是教育评价与其他教育活动首要的、根本的区别。①教育评价的主观性不可避免带来人情权钱的干扰。我们从教育领域查处的典型腐败案例中也可窥见一斑。有学者认为，评价的主观性与人情权钱的干扰之间的矛盾是我国教育评价的根本矛盾。②

二是评价质量与评价效率的平衡。质量与效率并不必然存在冲突。但是，在教育评价的过程中，尤其是作为一个人口大国、教育大国，既在招生考试制度创新中面临着时间成本、资金成本和人力成本等效率考量，也面临着人才培养和选拔的质量考量。比如，高校招生制度中的综合评价方式，需要对学生的"德智体美劳"全面发展情况进行综合考察，践行结果评价、过程评价、增值评价等一体化评价方式。从具体情况来看，目前仅有少量的高校能够组织实施，而且在实施过程中也面临人情钱权的干扰，不得不面临评价质量与效率平衡的考量。

三是评价方式多元化与决策的单一标准的冲突。"四个评价"倡导一种多元化评价方式，而现实世界中，人们的价值判断与决策的标准往往又是单一的。比如，在基础教育领域，考试分数不自觉地就成为一种关键的评价标准。这也已经成为很多家长、教师和学生的一种思维定式。因此，做好"四个评价"还要直面多元化评价方式与决策单一标准思维定式的冲突。

2. 做好"四个评价"的基本思路

"四个评价"的提出意味着教育评价理念和思路的重大革新。这种重大革新具体表现为，在实施"四个评价"过程中要实现评价思路的"三个转变"，也就是要实现从重视结果评价到注重过程评价的转变，从单一化评价到多元化评价的转变，从以行政评价为主到以专业化评价为主的转变。③

一是从结果评价到过程评价。结果评价关注最终结果，对学生来

---

① 张会杰：《"四个评价"落实中的主要矛盾及化解思路》，《中国考试》2020年第11期。
② 张会杰：《"四个评价"落实中的主要矛盾及化解思路》，《中国考试》2020年第11期。
③ 熊丙奇：《"四个评价"的意义与前景》，《上海教育评估研究》2021年第1期。

说往往面临"一考定终身"的不公平境遇,"分数"就成为学生的"命根",纳入考试的科目就重视,分值高的科目就重视,不纳入考试的科目往往就流于形式,甚至被其他所谓"主科"的科目"侵占",促进学生"德智体美劳"全面发展往往也沦为一句空洞的口号。改进结果评价必须重视过程评价,实现从片面强调学生分数到关注学生成长成才的教育过程的转变。这就要求不能仅仅把一次升学考试的成绩作为唯一的评价依据,而是要关注学生整个学习过程的整体表现,把过程性学习活动纳入评价体系,构建基于整个教育过程的完整评价。

二是从一元评价到多元评价。注重过程评价,必然要求实现从强调"分数"的一元评价到关注"素质"的多元评价。通过建立起多元化评价机制,促进学校多元办学、个性化办学,促进学生多元化、个性化发展,让"德智体美劳"教育真正落到实处,让教育摆脱"分数""升学"的桎梏,让教育回归育人本质。

三是从行政评价到专业评价。从结果评价转向过程评价,从一元评价转向多元评价,必然要求改变以行政评价主导的传统评价思路。"专业的人做专业的事"是人们普遍认同的朴素道理。行政评价背后的"政绩冲动"往往导致其更偏好简单易操作的数量化指标。这种简单的量化操作容易助推形成数量指标体系的结果评价。因此,搞好"四个评价"需要转变思路,加强专业化建设,建立更加专业化、科学化的评价机制和评价体系。

3. 做好"四个评价"的实践举措

一是升级教育评价认知。做好教育评价是为了更好实现教育目的,而不是教育目的本身。也就是说,教育评价要以促进学生和教师的全面发展为价值取向[①],是为了更好地培养人和塑造人,而不是筛选人、淘汰人。因此,做好"四个评价"必须首先升级对教育评价的认知,

---

① 周光礼、袁晓萍:《聚焦"四个评价"深化教育评价机制改革》,《中国考试》2020年第8期。

做到工具理性与价值理性的统一，让教育评价成为推动实现人的个性自由全面的发展，引导人向真、向善、向美的重要手段。

二是要深化办学治校改革。做好"四个评价"，各级各类学校是非常关键的主体。因此，必须深化办学治校改革：一方面，持续深化教育领域"放管服"改革，落实和扩大学校办学自主权。实施"四个评价"，如果学校缺乏自主权，评价改革难以真正取得实效。比如，近年来在高考制度改革中广泛推广的综合素质评价，由于学校缺乏办学自主权，导致所谓个性化的"综合素质评价"往往也是千篇一律的模式[①]，评价内容和方式也是大同小异，难以达到个性化人才选拔的目标。另一方面，要推进学校制度现代化，各级学校内部行政化现象比较普遍，学校内部治理关系不顺畅，行政权过度干扰教育权，往往会出现"外行领导内行"的非正常现象。行政主导学校内部治理结构对专业评价的实施、推进带来消极影响，行政与利益等非教育因素干扰评价的正常有序开展。

三是建设专业化教育评价机构和队伍。实施"四个评价"要坚持专业化方向。教育评价要做到公正独立，既要克服行政干扰，也要防止人情世故影响。因此，保持专业性和独立性非常重要，既要发挥校内教师（教授）委员会作用，又要培育和建设一批专业化的社会第三方机构。以专业、独立、公正的评价机制和评价效果赢得师生和社会的信任，建立"四个评价"良好的社会公信力。

三、以教育数字化开辟教育发展新赛道

2023年5月，第二十届中共中央政治局围绕建设教育强国进行了第五次集体学习。习近平总书记在主持学习时强调："教育数字化是我国

---

① 熊丙奇：《"四个评价"的意义与前景》，《上海教育评估研究》2021年第1期。

开辟教育发展新赛道和塑造教育发展新优势的重要突破口。"[①] "互联网+"教育是教育在互联网时代新的发展样态，具有"新空间、新模式、新业态、新要素、新制度和新理念"的特征。[②] 不断升级的互联网技术打开了教育发展的新空间，促进教育模式的不断升级迭代。以教育数字化开辟教育发展新赛道，是在信息化智能化时代，深化教育改革创新的重要议题，是实现教育现代化、建设教育强国的重要途径。

（一）教育数字化转型的理论基础

随着数字技术的升级迭代，数字技术越来越渗透进人类社会各领域，促使人们的生产方式、生活方式、学习方式发生着深刻变革，开启了人类社会数字化转型的崭新时代，数字经济、数字社会、数字政府等新概念层出不穷。教育数字化正是在这样的背景下提出来的。

1. 教育数字化是数字社会的重要组成部分

人类社会正在经历整体性数字转型。数字转型不仅是指运用数字信息技术实现自动化智能化，它也代表着人类生存状态和精神文化的革命性变迁，人类进入数字社会阶段。在此阶段，数字技术成为社会变革的根本驱动力之一。一方面，利用数字化技术推动社会生产力跃升；另一方面，运用数字技术推动组织变革和流程再造，寻求新的竞争优势。教育作为人类社会大系统的一个子系统，在整体数字化转型的大背景下，教育数字化转型应运而生，而且必须顺势而为。

2. 教育数字化的基本内涵

教育数字化虽然已是一个人们耳熟能详的热门词汇，但无论是学术界还是普通民众对教育数字化的内涵尚未有统一的认识。比如，有

[①] 《习近平在中共中央政治局第五次集体学习时强调　加快建设教育强国　为中华民族伟大复兴提供有力支撑》，《人民日报》2023年5月30日。

[②] 陈丽、郑勤华、徐亚倩：《互联网驱动教育变革的基本原理和总体思路："互联网+教育"创新发展的理论与政策研究》，《电化教育研究》2022年第3期。

学者提出了这样的疑问："教育数字化是转型还是赋能？"他们认为教育数字化是以特定技术手段为依托重构和优化教育，是将数字技术融入教育系统的过程，还没有到"转型"的地步，而且实践中还存在诸多隐忧，教育数字化应当坚持赋能的价值导向。[1]也有学者认为，教育数字化就是一种转型。教育数字化转型是运用数字技术整合教育过程，推动教学范式、组织架构、教学过程、评价方式革命性变革，形成一种开放性、柔韧性、永续性数字化教育生态的过程。[2]综合现有研究成果，笔者认为，无论是从"教育数字化转型论"视角，还是从"数字技术赋能论"视角，理解教育数字化的内涵，必须把握在任何时代，教育本质上是培养人塑造人的价值取向不会变，教育数字化只是在数字化社会教育技术手段、呈现形式和教育生态在数字技术的推动下实现的新演变。

（二）教育数字化发展的机遇

随着互联网的普及，我国教育数字化从推进教育信息化开始起步，得到了迅速的发展。有学者把发展过程概括为：建设驱动阶段（2000—2010年）、应用驱动阶段（2011—2017年）、融合创新阶段（2018年至今）[3]，实现了跨越式发展和历史性突破，逐渐迈向教育数字化转型新阶段。[4]中国教育数字化发展已具备坚实的发展基础和良好的发展机遇。

1. 高位推进的完善政策支持

早在世纪之初，我国教育部印发《关于在中小学实施"校校通"

---

[1] 陈廷柱、管辉：《教育数字化：转型还是赋能》，《中国远程教育》2023年第6期。
[2] 祝智庭、胡姣：《教育数字化转型的理论框架》，《中国教育学刊》2022年第4期。
[3] 陈云龙、孔娜：《我国教育数字化转型的基础、挑战与建议》，《中国教育学刊》2023年第4期。
[4] 黄荣怀：《打造全球教育数字化"变革引擎"》，《中国教育报》2023年3月18日。

工程的通知》谋划中小学教育信息化建设。这是教育信息化的第一份国家层面政策文件。随后，在国家层面相继出台了《国家中长期教育改革和发展规划纲要（2010—2020年）》（2010年）、《教育信息化"十三五"规划》（2016年）、《新一代人工智能发展规划》（2017年）、《教育信息化2.0行动计划》（2018年）、《教育部等六部门关于推进教育新型基础设施建设构建高质量教育支撑体系的指导意见》（2021年）等一系列政策规划文件，从"重视信息技术对教育的影响"到探索"数字化教育资源供给""实施教育数字化战略行动"，再到党的二十大报告首次提出"推进教育数字化"，我国始终在国家层面高位推进教育数字化发展，为推进教育数字化发展提供了坚实的组织保障和政策支持。

2. 具备比较完善的数字化基础设施

我国已经建设了比较完善的教育数字化基础设施。早在1998年，我国教育部就印发了《教育部关于进一步加强中小学教育技术装备工作的意见》，提出"大力提高教育技术手段的现代化水平和教育信息化程度"。进入新时代，我国教育数字化基础设施建设步入快车道。2024年11月，为落实党的二十届三中全会提出的"建设和运营国家数据基础设施，促进数据共享"改革任务，国家数据局会同国家发展和改革委员会、工业和信息化部组织起草《国家数据基础设施建设指引（征求意见稿）》并向社会公开征求意见，标志着我国数字化基础设施建设步入全面跃升的新阶段。在国家加大数字化基础设施建设的政策支持下，教育数字化基础设施也得到了极大的发展，为教育数字化发展提供了坚实的条件支撑。伴随国家教育数字化战略行动的落地，智慧校园进入新阶段，教育新形态不断呈现，师生数字素养稳步提升，数字技术为全面育人服务。[①] 比如，包含国家中小学智慧教育平台、国家职业教育智慧教育平台、国家高等教育智慧教育平台、国家大学生就业

---

① 丁雅诵：《智慧校园，科技感满满》，《人民日报》2024年6月12日。

服务平台四个子平台的国家智慧教育公共服务平台于2022年3月28日正式上线运行。①

3. 建设日益丰富的数字化教育资源

数字化教育发展的关键是优质丰富的数字化教育资源。为落实党的十八届三中全会提出的"构建利用信息化手段扩大优质教育资源覆盖面的有效机制"②改革任务，2014年，教育部开展"一师一优课、一课一名师"活动，通过信息技术实现优质教育资源数字化，以数字化途径实现优质教育资源共享。截至2020年7月，通过"一师一优课、一课一名师"方案覆盖中小学各年级课程的近7万节优质课③，极大地解决了老少边穷地区教育资源匮乏的问题，探索了一条实现教育公平的数字化路径。在高等教育领域，截至2023年底，依托国家智慧教育平台，已建成职业教育在线精品课程超1万门、高等教育优质慕课2.7万门，平台累计注册用户突破1亿人。数字化教育资源极大推动了教育公平。"慕课西部行计划"面向西部所有高校提供了19万门以上的慕课和定制化课程，帮助西部地区开展混合式教学达到446万门次以上，服务西部高校学生5.4亿人次，对西部高校人才培养提供了强大支持。④可以说，我国已经建成了比较丰富的各层级各类型数字化教育资源，极大地拓展了各类学习者的学习机会，为推进教育公平、实现教育的均衡可持续发展提供了坚实的资源支撑。

4. 具备比较扎实的数字化教学能力

数字化教学能力越来越成为各类教师的核心素养之一。伴随着国

---

① 郑永和、刘士玉、王一岩：《中国教育数字化的现实基础、实然困境与改革方向》，《中国远程教育》2024年第6期。
② 《十八大以来重要文献选编》（上），中央文献出版社2014年版，第535页。
③ 翟雪松、史聪聪：《〈教育信息化十年发展规划（2011—2020年）〉的实施现状、挑战与展望》，《现代教育技术》2020年第12期。
④ 郑翅、高毅哲：《数字教育　引领未来：我国教育数字化工作取得积极成效综述》，《中国教育报》2024年1月30日。

家教育数字化战略实施，我国各类教师的数字化教学能力得到了稳步提升。教师数字化教学能力提升也是新时代教师能力培塑的重要议题。2013年，国家启动"全国中小学教师信息技术应用能力提升工程"。通过这一工程，基本实现对全国1000多万名中小学教师的全员培训，中小学教师利用信息技术改进教学的意识和能力普遍提高。① 在高等院校，高校教师使用混合式教学比例从2020年的34.8%提升至2022年的84.2%。②2022年11月，教育部发布《教师数字素养》政策文件③，从数字化意识、数字技术知识与技能、数字化应用、数字社会责任以及专业发展等5个维度给出教师数字素养框架，必将进一步提升教师数字化教学能力。

5.为世界教育数字化发展贡献中国方案

2023年9月，"国家智慧教育平台"项目获联合国系统内教育信息化的最高奖项——2022年度联合国教科文组织教育信息化奖。这是我们党和政府大力推进教育数字化理论创新与实践创新成果的生动写照。2023年12月，2023世界慕课与在线教育大会发布《无限的可能——世界高等教育数字化发展报告（2023）》《世界高等教育数字化发展指数（2023）》，充分肯定中国教育数字化发展战略和成就，在世界范围传播中国声音，肯定中国经验，贡献中国标准，引领世界高等教育数字化创新发展。④ 我国教育领域践行人类命运共同体理念，以开放包容的姿态与世界各国就"数字教育的规划、标准、监测评估，开展知识产权保护、数据安全管理、数字伦理风险防范和隐私保护"等教育数字

---

① 李桂云、潘超：《教育部教师工作司副司长宋磊：面向教育现代化培养新时代"大先生"》，《在线学习》2020年第7期。
② 孙竞：《92个专业类2万门课程，国家高等教育智慧教育平台上线》，人民网，2022年3月29日。
③ 教育部：《教育部关于发布〈教师数字素养〉教育行业标准的通知》，2022年11月30日。
④ 郑翅、高毅哲：《数字教育 引领未来：我国教育数字化工作取得积极成效综述》，《中国教育报》2024年1月30日。

化的各方面议题开展合作，利用金砖国家机制推广智慧教育平台，对接标准、规范、接口，牵头联合国儿童基金会"公共数字学习门户项目"，展现数字教育强国的责任担当，为我国教育数字化发展营造了良好的国际环境。

（三）教育数字化发展的实践路径

教育数字化发展是涉及文化、社会、技术、工具和各方参与者的系统性革命性变革，催生新的教育模式和样态，深刻改变着教育系统运行的机制、战略方向和价值主张。[1] 推动教育数字化发展，需要立足中国实际，瞄准世界前沿，落实以人民为中心的发展思想，用好改革创新根本动力，以教育数字化促进教育现代化，为建设教育强国提供支撑。

1. 不断推进数字化教学

教育的实践落地是教学，教学是教育的根本。推进教育数字化发展，最重要的是不断推进和完善数字化教学。推进教育数字化发展，要充分运用现代信息数字技术发展成果，促进数字技术与教学要素、教学组织、教学过程的深度耦合，赋能教学要素功能发挥，实现教学过程精细化智能化，促进教学效率和学习效能提升。坚持实践导向，摒除"重政策引领、轻实践探索"倾向，瞄准一线教学的实际需求，促进数字技术与教学深度融合，打造各层级教学数字化的样本，用实践探索绘就"数字技术与教育教学深度融合的未来图景"，让数字化教学成为未来课堂教学的重要组成部分。[2]

2. 积极探索个性化学习

教育数字化发展的重要指向是提供多样化、个性化教育资源，为

---

[1] 祝智庭、戴岭：《综合智慧引领教育数字化转型》，《开放教育研究》2023年第2期。
[2] 郑永和、刘士玉、王一岩：《中国教育数字化的现实基础、实然困境与改革方向》，《中国远程教育》2024年第6期。

个性化学习、差异化教育提供支撑，为实现人自由而全面的发展创造条件。数字化智能化技术发展，为大规模、伴随式、动态化的学业测评提供了实现条件，可以实现对学习风格和偏好的精准刻画。运用现代信息技术提供的精准学情分析，可以差异化为不同学习者推荐学习资源、规划学习路径、布置针对性练习，实现符合自身实际和特点的个性化学习。比如，现在有不少教育数字化机构正在研发"个性化学习手册"，探索个性化学习和教育方案，利用数字技术为学生打造"一对一"的数字教师，实现伴随式、个性化的学习。推动教育数字化发展还需要在探索更加精准有效、便捷易行的个性化学习方案上持续努力。

3. 培养高素质数字化师资队伍

教师是教育数字化的关键执行者。推进《教师数字素养》规范落实，培养能够胜任数字化智能化时代推进教育数字化发展的高素质师资队伍。在数字化时代背景下，教育的变革与创新对师资队伍提出了更高的要求。首先，加强师资队伍的数字化技能培训是基础。教育部门和学校应定期组织教师参加信息技术培训，包括但不限于智能教学平台的使用、多媒体教学资源的整合、在线课程的设计与开发等。通过培训，教师能够熟练掌握数字化教学工具，提高教学效率和质量。同时，鼓励教师参与在线教育论坛和研讨会，与国内外同行交流经验，不断更新教育理念和教学方法。其次，建立激励机制，鼓励教师进行教育创新。学校应设立专项基金，支持教师开展数字化教学研究项目，鼓励教师将创新成果应用于教学实践。同时，将教师在数字化教学方面的表现纳入职称评定和绩效考核体系，以此激发教师的积极性和创造性。再次，强化师资队伍的跨学科融合能力。数字化教育不仅需要教师掌握信息技术，更需要教师具备跨学科的知识结构和思维方式。学校应鼓励教师参与跨学科课程的设计与教学，通过跨学科项目合作，促进教师在不同学科间的知识交流和技能互补。又次，邀请信息技术领域的专家和学者为教师提供专业指导，帮助教师拓宽视野，提升综合素养。最后，构建持续学习和自我提升的教育生态。高素质的数字化师资队伍需要具备终身学习的意识和能力。学校应为教师提供丰富的学习资源和平台，如在线课程、电子图书、学术期刊等，支持教师自主学习和专业成长。同时，建立教师学习共同体，鼓励教师之间相互学习、相互帮助，形成积极向上的学习氛围。培养高素质数字化师资队伍是一个系统工程，需要教育管理部门、学校和社会各界共同努力。通过加强师资队伍的数字化技能培训、建立激励机制、强化跨学科融合能力以及构建持续学习的教育生态，可以有效提升教师队伍的整体素质，为数字化教育的发展奠定坚实基础。

第六章

增强中国教育的国际影响力

教育国际影响力是衡量教育现代化水平，体现教育强国实力的重要指标。2024年9月，习近平总书记在全国教育大会上指出："要深入推动教育对外开放，统筹'引进来'和'走出去'，不断提升我国教育的国际影响力、竞争力和话语权。"[①] 习近平总书记这一重要论述，既为教育强国建设提出了明确的目标要求，又为提升我国教育的国家影响力提供了思想指导。

一、中国教育对外开放的发展历程与主要成就

自我国实施改革开放重大战略以来，教育一直是对外开放的重要领域，教育对外开放也为增强我国国际影响力作出了重要贡献。我国教育事业在开放中发展，在发展中进一步开放，取得令人瞩目的历史性成就，走出了一条中国特色教育对外开放之路。

（一）中国教育对外开放的历史进程

教育对外开放的发展历程是我国改革开放史上浓墨重彩的一笔，也是中国改革开放辉煌成就的生动写照。回顾我国教育事业发展和对外开放历程，我国教育对外开放的历史进程经历了从起步探索到全面发展过程，不同的学者从不同的视角将我国教育对外开放的发展历程划分为不同的阶段，比较典型的有"四阶段划分"[②]"五阶段划分"[③]等划

---

① 《习近平在全国教育大会上强调：紧紧围绕立德树人根本任务 朝着建成教育强国战略目标扎实迈进》，新华网，2024年9月10日。
② 徐小洲、阚阅、冯建超：《面向2035：我国教育对外开放的战略构想》，《中国高教研究》2020年第2期。
③ 张继桥、刘保存：《新中国成立七十年来高等教育对外开放政策的历史演进与基本经验》，《高等教育研究》2019年第8期。

分法，结合现有研究成果，笔者将我国教育对外开放的发展历程大致划分为以下四个阶段。

1. 起步探索期（1949—1977年）

1949年，中国共产党团结带领全国各族人民浴血奋战取得了新民主主义革命的胜利，成立了中华人民共和国，开启了中华民族崭新的历史进程。刚刚成立的新生政权，百废待兴，面对西方遏制围堵，我们党采取了学习苏联的战略，教育事业发展也采取了全面学习苏联的模式。1949年12月，新中国成立不久，新中国第一次教育工作会议召开，提出了"建设新民主主义教育"的历史任务，强调"以老解放区新教育经验为基础，吸收旧教育有用经验，借助苏联经验，建设新民主主义教育"[①]。在此时期，我国教育对外开放主要面向苏联等社会主义国家，我国向相关国家派遣留学生的同时，也邀请相关专家来华指导。据有关资料统计，1950—1965年，我国共派出10678名留学生，其中前往苏联留学8414人，占78.80%。[②] 1949—1960年，我国共聘请11369名苏联文教专家，其中教育部门和学校聘用的各类教育专家861人，占7.6%。[③] 从这些数据可以看出，新中国成立初期，我国教育对外开放也秉持了"走出去"和"引进来"相结合的原则。不过，由于意识形态因素，当时在发展来华留学方面，强调为政治服务，以语言学习为主，以培养政治外交人才为主要目标。[④] 因此，这一时期，来华留学国别、专业和数量都有较大的限制，主要是朝鲜、越南以及东欧社会主义国家，我国基本上都给这些来华留学生提供全额奖学金。1971年10月，我国恢复联合国合法席位，联合国教科文组织（UNESCO）成为联合国

---

① 钱俊瑞：《在第一次全国教育工作会议上的总结报告要点》，《人民日报》1950年1月6日。
② 丁晓禾主编：《中国百年留学生全纪录》，珠海出版社1998年版，第1340页。
③ 田正平主编：《中外教育交流史》，广东教育出版社2004年版，第921页。
④ 徐小洲、阚阅、冯建超：《面向2035：我国教育对外开放的战略构想》，《中国高教研究》2020年第2期。

第一个恢复中国席位的专门机构。虽然恢复了我国合法席位,但是在1978年以前,我国与联合国教科文组织的合作基本处于停滞状态。我们可以看到,在这一阶段,由于遭到西方的长期封锁,我国对国际教育规则不熟悉,教育对外开放属于在摸索中起步的阶段。

2. **奋起追赶期(1978—2000年)**

1977年7月,邓小平主动要求分管教育和科技工作。1978年3月18日,邓小平出席全国科学大会开幕式并强调:"任何一个民族、一个国家,都需要学习别的民族、别的国家的长处,学习人家的先进科学技术。……即使我们的科学技术赶上了世界先进水平,也还要学习人家的长处。"[①]同年6月,邓小平在听取清华大学汇报时提出要扩大留学生派遣规模,要求"要成千上万地派,不是只派十个八个"[②]。随后,教育部向国务院提交《关于加大选派留学生数量的报告》,并与欧美多国达成互派留学生的协议,我国教育对外开放进入崭新发展轨道。《中共中央关于教育体制改革的决定》(1985年)要求"通过各种可能的途径,加强对外交流,使我们的教育事业建立在当代世界文明成果的基础之上"[③]。自此,我国留学教育方向发生了巨大改变,国别上从以苏联为主转向欧美和日本,专业上从哲学社会科学转向自然科学。20世纪90年代,我国建立起自费留学制度,实行"支持留学、鼓励回国、来去自由"的政策。

在改革留学派遣制度的同时,我国也不断完善来华留学政策,先后出台《关于招收和培养外国来华留学研究生的暂行规定》(1988年)和《关于招收自费外国来华留学生的有关规定》(1989年),鼓励来华留学。1998年2月,全国来华留学生工作会议确定"深化改革,完善管

---

① 《邓小平文选》第2卷,人民出版社1994年版,第91页。
② 《邓小平年谱(1975—1997)》上卷,中央文献出版社2004年版,第331页。
③ 《中共中央关于教育体制改革的决定》,新华网,2007年6月14日。

理，保证质量，积极稳妥发展"工作方针[①]，来华留学工作也迎来崭新局面。1999年1月1日开始施行的《中华人民共和国高等教育法》专门对教育对外交流与合作进行了规定。我国教育对外开放也逐步纳入法治化快速发展轨道。据统计，至2000年，世界各国向我国派出留学生多达52150人，比1990年增长近7倍，其中自费留学生达46788人，占比近90%。[②] 在这一阶段，我国与联合国教科文组织等国际教育组织的合作逐步展开。1979年2月，中国联合国教科文组织全国委员会正式成立。同年9月，中国政府还与联合国开发计划署签署援助协议，开展教育领域项目合作。中国教育对外开放逐步步入正轨，进入奋起直追的快速追赶阶段。

3. 高速发展期（2001—2011年）

进入新世纪新阶段，尤其是在2001年，我国成功加入世界贸易组织（WTO），为进一步深化教育对外开放提供了重要机遇。在《服务贸易总协定》框架下，我国首个中外合作办学行政法规——《中华人民共和国中外合作办学条例》颁布，中外合作办学进入规范化和法治化的快车道。据统计，截至2012年10月，经行政审批机关批准设立和举办的中外合作办学机构或项目已达1765个，比10年前增长了一倍多。在2004年3月，《2003—2007教育振兴行动计划》部署"进一步扩大教育对外开放"任务，提出"加强全方位、高层次的教育国际合作与交流"；"深化留学工作制度改革，扩大国际间高层次学生、学者交流"；"大力推广对外汉语教学，积极开拓国际教育服务市场"等具体措施。[③]《国家中长期教育改革和发展规划纲要（2010—2020）》进一步从推进

---

① 徐海宁：《来华留学生教育的三个发展观》，《中国高教研究》1999年第6期。
② 付红、聂名华、徐田柏：《中国高等教育国际化的分析及对策研究》，人民出版社2015年版，第62页。
③ 《国务院批转教育部2003—2007年教育振兴行动计划的通知》，中华人民共和国政府网，2004年3月3日。

教育的国家交流合作、引进优质教育资源和提高交流合作水平三个方面扩大教育对外开放进行部署。除此之外，在此阶段，从国家层面还先后实施了"海外高层次人才引进计划""留学中国计划"等一系列政策法规和规划文件。可见，此阶段是我国教育对外开放步入正轨高速发展的时期。

4. 高质量发展期（2012年至今）

党的十八大以来，中国特色社会主义进入新时代，在以习近平同志为核心的党中央坚强领导和大力推动下，中国教育对外开放也步入新的发展阶段。党的十八大强调坚持对外开放的基本国策，"充分开发利用国内国际人才资源，积极引进和用好海外人才"①，为推进新时代教育对外开放高质量发展提供了指导。2014年12月，习近平总书记对全国留学工作会议作出重要指示，强调要"统筹谋划出国留学和来华留学，综合运用国际国内两种资源，培养造就更多优秀人才，努力开创留学工作新局面"②，对做好新时代留学工作给出了具体指导。2016年4月，中共中央办公厅、国务院办公厅印发《关于做好新时期教育对外开放工作的若干意见》，首次对教育对外开放进行顶层谋划、全面指导，为制定各项具体政策，推进教育对外开放具体工作提供了根本遵循。随后，在"一带一路"合作倡议框架下，教育部制定《推进共建"一带一路"教育行动》，"积极对接沿线各国意愿，互鉴先进教育经验，共享优质教育资源"③。2019年2月，中共中央、国务院印发《中国教育现代化2035》规划文件，明确提出"开创教育对外开放新格局"的战略任务。2020年6月，教育部等八部门印发《关于加快和扩大新时代教育对外开放的意见》，进一步对教育对外开放进行顶层设计和谋划。

---

① 《十八大以来重要文献选编》（上），中央文献出版社2014年版，第41页。
② 习近平：《适应国家发展大势和党和国家工作大局　培养更多优秀人才开创留学工作新局面》，《人民日报》2014年12月14日。
③ 《教育部关于印发〈推进共建"一带一路"教育行动〉的通知》（教外〔2016〕46号）。

可见，进入新时代，着眼实现教育现代化，为实现党的第二个百年奋斗目标提供战略支撑，我国教育对外开放事业进入高质量发展新阶段。

（二）我国教育对外开放的历史成就

我国教育对外开放事业与国家改革开放事业同频共振、携手前进，推动我国教育事业实现了跨越式发展，用短短几十年时间建设了世界上最大的教育体系，为中国特色社会主义事业提供了坚实的人才和智力支持。回顾我国教育对外开放历史，能够深切感受到我国教育对外开放所取得的辉煌历史成就。

1. 教育对外开放政策体系更加完善

我们党历来重视从制度上去谋划和推动教育对外开放事业，从前述的教育对外开放的历史进程中我们能够清晰感受到这样的鲜明特质。从《中共中央关于教育体制改革的决定》（1985年）到《关于招收和培养外国来华留学研究生的暂行规定》（1989年），从《中华人民共和国中外合作办学条例》（2003年）、《2003—2007年教育振兴行动计划》（2004年）到《关于做好新时期教育对外开放工作的若干意见》（2016年），从《推进共建"一带一路"教育行动》（2016年）到《关于加快和扩大新时代教育对外开放的意见》（2020年），我们党始终注重推动教育对外开放的顶层谋划，不断完善教育对外开放政策，为我国教育对外开放历史成就的取得奠定了坚实的政策制度基础。

2. 教育对外开放格局不断拓展

我国教育对外开放格局不断拓展，已经建立了中美、中英、中欧、中法等十大高级别中外人文交流机制，依托这些中外人文交流机制，构建了与美国、欧洲和大洋洲、发展中国家等三个层面的教育合作交流平台，与188个国家和地区建立教育交流合作关系。[1]我国同183个建

---

[1] 张继桥、刘宝存：《新中国成立七十年来高等教育对外开放政策的历史演进与基本经验》，《高等教育研究》2019年第8期。

交国普遍开展了教育合作与交流，与60个国家和地区签署了学历学位互认协议，共有195个国家和地区留学生来华求学，"留学中国"的影响力和品牌度持续提升。① 在此基础上，不断深化在教育区域合作、多边合作和专业领域合作。比如，在区域合作方面，在"一带一路"合作倡议框架下，积极落实《推进共建"一带一路"教育行动》，携手沿线国家，增进理解、扩大开放、加强合作、互学互鉴，聚力构建"一带一路"教育共同体。我国还依托亚太经济合作组织、上海合作组织、东南亚国家联盟等区域性组织和机构，持续深化与亚洲、非洲、拉丁美洲的教育合作。我国通过不断深化全方位国家教育合作交流，逐步形成了更全方位、更宽领域、更多层次、更加主动的教育对外开放局面。

3. 教育对外开放体系不断丰富

随着我国教育对外开放事业的不断推进，我国建立了涵盖基础教育、高等教育和职业教育领域等多层次的教育对外开放体系。在基础教育领域，我国落实《服务贸易总协定》相应承诺，逐步开放高中和学前等非义务教育阶段的中外合作办学项目。一大批高中通过办国际班或者国际部等形式，借鉴吸收国外先进办学理念，引进海外师资和课程，我国基础教育国际化水平不断提升。在高等教育领域，截至2018年9月，通过中外合作办学机制，已建立9所独立法人中外合作办学大学、82家非独立法人中外合作办学机构，在校生超过15万人，先后与46个国家和地区签订了学历学位互认协议，不断打造教育国家交流新平台。② 在职业教育领域，不断创新国际合作机制和平台，多所职业院校在境外设立办学机构和项目，建立起鲁班工坊等境外办学品牌，在亚欧非三大洲合作建成30余个鲁班工坊，学历教育累计培养学生近

---

① 教育部国际合作与交流司：《我国职业教育国际合作基本情况》，中华人民共和国教育部政府门户网站，2024年11月14日。
② 汪华、孙霄兵：《中国高等教育70年：成就与政策》，《中国高等教育》2019年第12期。

万人，实施职业培训超过 3.1 万人次。①

（三）我国教育对外开放的重要经验

我国教育对外开放事业随着新中国成立而起步，伴随改革开放而不断开拓，在实践中不断丰富和发展，形成了若干重要经验，为进一步推进教育对外开放提供了借鉴与参考。

1. 坚持扎根中国与融通中外相结合

中国的教育必须扎根中国，必须坚持党对教育对外开放事业的领导，立足中国实际，符合中国国情。扎根中国是推进教育事业对外开放的根本原则和基本立场，而融通中外是推进教育对外开放的内在逻辑和发展方向。②坚持扎根中国和融通中外相结合，必须统筹"引进来"和"走出去"，以服务中国式现代化战略需求、服务人民群众多样化教育需求为牵引，坚持问题导向，遵循教育规律和国际教育发展趋势，与世界各国加强研究创新、全球团结与国际合作，用好国内国际两种资源，平衡好教育国际化与教育本土特色优势的辩证关系，实现国际化与中国化相统一。

2. 坚持整体推进与重点突破相协调

教育对外开放是一项系统性、全局性、战略性工作。③从我国教育对外开放的实践来看，推进教育对外开放必须坚持系统思维，既要站在国家教育事业发展全局谋划教育对外开放的谋篇布局，又要根据不同历史时期教育事业发展的重点和人民群众的教育期盼突出重点。新时代以来，在全面深化改革的大背景下，我国教育对外开放不断强化

---

① 教育部国际合作与交流司：《我国职业教育国际合作基本情况》，中华人民共和国教育部政府门户网站，2024 年 11 月 14 日。
② 张继桥、刘宝存：《新中国成立七十年来高等教育对外开放政策的历史演进与基本经验》，《高等教育研究》2019 年第 8 期。
③ 张北坪：《深入推进对外开放　助力建设教育强国》，《光明日报》2024 年 10 月 8 日。

顶层设计完善教育对外开放总体布局，统筹规划、重点推进。比如，在人文交流机制框架下，通过美国青年使者交流学习计划、千校携手、中美青年创客大赛、中俄同类大学联盟、中法百校交流计划、中南（非）职业教育合作联盟等不同国家、不同层次国家教育合作项目的展开，极大地推动了我国教育对外开放和多元文化交流交融的快速发展，推进教育对外开放事业的整体跃升。

3.坚持顶层谋划与基层探索相结合

对外开放，对于中国共产党人来说是一项全新的事业，毫无经验可循。党和政府团结带领人民"摸着石头过河"，一步一步蹚出了一条中国特色的对外开放发展之路。作为对外开放事业的有机组成部分，教育对外开放也是毫无经验可循。回顾我国走过的教育对外开放之路，一条重要的经验就是贯彻实事求是思想路线，坚持顶层谋划与基层探索相结合。比如，教育国际合作与交流综合改革试验区建设就是坚持顶层谋划与基层探索相结合的成功范例。2012年，教育部决定在省、市二级设立教育国际合作与交流综合改革试验区，湖南省和宁波市成为首批试点省、市。2013年10月，湖南省正式启动试验区建设，探索"引进优质教育资源、创新与完善公派出国留学机制、提升湖南教育的国际影响力、拓宽人文交流平台"四个重点改革任务。通过省、市基层的创新探索和"先行先试"，为国家教育对外开放政策制定和具体实施提供"试验田"。我国在推进教育对外开放的历史进程中还有很多这样的成功事例。实践充分证明，做好教育对外开放必须坚持顶层谋划与基层探索相结合。

二、优化教育对外开放布局

当前，国际形势和世界格局发生深刻变革，部分发达国家对外战略进行了重大调整，但是经济全球化趋势并没有变，我国推进教育对外开放的政策和决心并没有变。面对百年未有之大变局，我们要"集中精力办好自己的事"，深化教育对外开放的战略布局。强化多边国家与机构的务实合作，充分利用教育在"一带一路"建设中的重要作用，推动教育对外开放实现协同进步、互利共赢的新局面。鼓励东部地区全面提升教育对外开放水平，引领发展具有中国特色且达到世界标准的现代教育体系。同时，助力中西部地区拓宽教育对外开放的领域与层次，引导沿边地区凭借地缘优势，加强与周边国家的教育合作与交流，构建符合区域特点的教育对外开放模式。

（一）注重"引进来"和"走出去"协同推进

习近平总书记指出，要完善教育对外开放战略策略，统筹做好"引进来"和"走出去"两篇大文章，有效利用世界一流教育资源和创新要素，使我国成为具有强大影响力的世界重要教育中心。[1] 加快推进新时代教育对外开放，是建设教育强国的必然要求和有效抓手，建设高质量教育体系，必须有高质量的教育对外开放提供支撑。坚持把教育对外开放摆在突出位置，坚持"引进来"和"走出去"双向统筹、双向提升，奋力打造教育对外开放高质量发展高地。

1. 高标准"引进来"，增强教育开放能力

高质量教育对外开放的重要内容之一就是引入世界一流教育资源和创新要素，结合自身实际，做好消化吸收，不断提高教育适应科技发展和产业升级的能力。与此同时，中外合作办学蓬勃发展，其审批流程、管理机制、评估体系及退出机制均得到了持续的优化与完善。在过去的十年间，新增的本科及以上中外合作办学机构与项目中，理工农医类占比达65%。近年来，面对疫情导致的出国留学困难，中外合作办学发挥了重要的缓解作用，累计录取近万人。

---

[1] 《习近平在中共中央政治局第五次集体学习时强调　加快建设教育强国　为中华民族伟大复兴提供有力支撑》，《人民日报》2023年5月30日。

积极引进高水平大学。将高水平中外合作办学作为破解高等教育发展优质资源不足的突破口，深入实施"高水平大学引育工程"，鼓励高校遵循"高精尖特"优先原则，积极引进全球高水平教育资源，增强高等教育发展内生动力。例如，2005年建成全国第一所具有独立法人资格的中外合作大学——宁波诺丁汉大学，2014年第二所具有独立法人资格的中外合作办学机构——温州肯恩大学获教育部批准正式设立。随后，浙江大学伊利诺伊大学厄巴纳香槟校区联合学院、浙江大学爱丁堡大学联合学院、温州医科大学阿尔伯塔联合学院、北京航空航天大学中法航空学院等一批高水平、标志性中外合作办学成果先后落地，为高等教育强省建设注入了新动能。其中，北京航空航天大学中法航空学院由习近平主席和法国总统马克龙见证签约，汇聚了法国国立民航大学（ENAC）和北京航空航天大学优势，有效弥补了浙江民航类专门院校的空白。浙江大学国际联合学院获批全国首批国际合作教育样板区。

做深做实改革试点。2020年开始，教育部和浙江省政府引进德国企业和院校在华开展职业教育试点工作开启，先后遴选2批13所应用型本科、高职院校与德国院校和企业深度合作，探索实践"双元制"改革。通过试点，各院校基本构建起了企业和学校"双主体"、教师和企业师傅"双导师"等"四双"特色的双元制高素质技能型人才培养模式，形成了一批可复制、可推广的模式和经验。2023年，在教育部国际合作与交流司的大力支持下，浙江作为首个教育部中外合作办学高质量发展创新改革试验区，探索培育中外合作办学打造人才培养与科研合作"双轮驱动"浙江模式、设立中外合作办学研究中心、成立浙江省中外合作办学联盟……一系列"组合拳"和"硬措施"初见成效，确保试验区建设起好步、开好局。

2. 高效率"走出去"，深化教育开放内涵

优化教育对外开放格局，建设教育强国，在"引进来"的同时，要积极整合资源，以境外办学、制度型开放、师资交流等为重点，大步伐推动教育出海，提升教育对外开放的广度和深度。提升境外办学质量水平。"走出去"办学也成为中国教育对外开放的重要部分。截至2020年6月，60所国内高校在23个共建国家开展境外办学，16所国内高校与共建国家的高校建立了17个教育部国际合作联合实验室。国内高校还在共建国家独立办学，如厦门大学马来西亚分校成为中国高校在海外独自拥有独立校园、自主办学的第一所分校。与此同时，职业教育也成为教育对外开放的一支生力军。截至2022年8月，第一批鲁班工坊全部建设完工，其中绝大多数位于"一带一路"共建国家。教育部还与许多高校积极投入共建国家的中文推广工作。截至2023年10月，中国高校已在共建国家开办了313所孔子学院和315所孔子课堂。"一带一路"有效整合了中外优质教育资源，进一步畅通了中外合作办学渠道，完善了中外合作办学体系，扩大了中外合作办学规模，提升了中外合作办学水准，推动中外合作办学实现了跨越式发展，取得了历史性成就。浙江省民营经济发达，"走出去"企业众多，对目的地国本土人才需求量大。为解决"走出去""用工荒"困难，紧密对接"一带一路"沿线国家产业发展需求，2016年浙江启动建设"一带一路'丝路学院'"，省校合力推进，鼓励高校携手企业"走出去"，帮助企业培养熟悉目的地国国情和具备一定职业技能与管理经验的优秀人才，服务浙江企业在当地落地生根、稳步发展。已有30所高校在海外设立39所"丝路学院"，覆盖33个国家，为40余家浙企"出海"培育近万名本土化人才，形成了"企业走到哪里，教育就办到哪里"的基本模式。通过"丝路学院"建设，浙江省职业院校通过输出课程、专业标准，讲好职业教育故事，提升职业教育对外输出能力，3所"丝路学院"入选全国首批鲁班工坊运营单位，数量居全国第二位。

促进教育制度型开放。2023年3月22日，教育部和海南省人民政府印发《境外高等教育机构在海南自由贸易港办学暂行规定》，促进和规范境外高等教育机构在海南自由贸易港办学。加强师资国际交流。为借鉴国外先进教育理念，跟踪国际前沿科技，提高浙江省高校骨干教师、科研人员的教学能力和整体学术水平，培养具有国际视野的高素质创新型人才，2010年开始与国家留学基金委设立地方合作项目，重点支持高校优秀中青年骨干教师出国研修访学，后续又新增"浙江省中小学名校长赴新加坡研修项目""浙江省高职院校管理人员赴德国研修项目"等一系列成班派出项目。地方合作项目十年累计派出近3000名优秀教师出国留学，省财政资助经费超过1.35亿元。这些项目在提升教师队伍整体素质、促进学校学科专业建设等方面起到了积极助推作用。

（二）推进"一带一路"教育行动

推进共建"丝绸之路经济带"和"21世纪海上丝绸之路"（以下简称"一带一路"），为区域教育的广泛开放、深入交流及融合带来了重大机遇。"一带一路"倡议下的国家教育合作，不仅是构建"一带一路"不可或缺的一环，也是为"一带一路"输送人才资源的坚实后盾。中国期待携手沿线国家，深化人文领域的交流与合作，强化人才培育机制，共创教育的美好未来。

1. 开展教育互联互通合作

促进教育政策对话与合作。进行"一带一路"沿线国家教育法律与政策协同研究，建立教育政策信息共享平台，为各国政府在教育政策对接上提供智力支持，并为教育机构及社会各界的教育合作提供政策指导。主动推进双边、多边及次区域教育合作框架协议的签订，制定相关国际合作公约，逐步消除教育合作中的政策障碍，共同致力于建设教育共同体。

促进教育合作渠道畅通。简化"一带一路"沿线国家间的签证手续，拓宽教育领域交流合作，营造频繁互动、合作广泛、交流活跃、关系紧密的共同发展氛围。倡导具有合作基础和发展愿景的学校建立友好关系，深化并拓展教育合作交流的广度和深度。组织沿线国家校长论坛，促进学校间多层次、多领域的实际合作。支持高校依托特色学科，建立产学研一体化国际合作实验室（研究中心）和国际技术转移中心，共同应对经济发展、资源高效利用、环境保护等沿线国家面临的机遇与挑战。搭建"一带一路"学术交流平台，吸引各国学者、青年学生参与研究和学术交流，推动"一带一路"优质教育资源共享，促进共同发展。

增进沿线国家的语言交流互通。探索建立语言互通的合作框架，携手开发开放性的语言学习课程，并逐步将这些课程融入各国的教育体系之中。扩大政府间的语言学习交流项目，联合培养高级语言人才，充分利用外国语院校的教育资源，强化多语种教师团队建设，并推动外语教学的改进。鼓励沿线国家与中国教育机构合作，在中国设立本国语言的教学专业。同时，鼓励社会各界参与孔子学院及孔子课堂的建设，加强汉语教学师资和志愿者队伍的力量，确保沿线国家对汉语学习的需求得到充分满足。

促进沿线国家民心相通。激励沿线国家的学者进行关于中国的课题研究，以深化各国对中国发展模式、政策导向、教育文化等多方面的认知。构建国家及区域研究平台，与伙伴国共同探索经济、政治、教育、文化等领域的议题。逐步将丝绸之路文化遗产保护知识融入沿线国家的基础教育课程，提升青少年对其他国家文化的认识。强化"丝绸之路"青少年间的互动，重视通过社会实践、志愿服务、文化交流、体育赛事、创新创业项目以及新媒体互动等方式，增进各国青少年对不同文化的理解和尊重。

促进学历学位认证体系的互联互通。积极推动联合国教科文组织《亚太地区承认高等教育资历公约》的实施，支持构建全球性的学历互认体系，实现区域内双边及多边学历学位的互认与衔接。提倡各国强化教育质量保障体系，加速推进各自国家教育资历框架的构建，为学习者在不同类型和层次的教育间顺畅转换提供便利，从而推动终身学习社会的构建。同时，我们应携手合作，共同研发区域性职业教育资历框架，逐步统一就业市场的职业准入标准。此外，还应探索制定沿线国家教师专业成长的统一标准，以促进教师的跨国交流与流动。

2. 开展人才培养培训合作

推进"丝绸之路"留学计划。设立专项奖学金——"丝绸之路"中国政府奖学金，旨在培养沿线国家的行业精英和杰出技能人才。着力提升来华留学生的教育质量，致力于将中国建设为沿线国家学生首选的留学胜地。同时，拓展语言与文化培训基地，帮助学生提前适应不同文化环境，提高他们的跨文化交流能力。加强与沿线国家的政府和教育机构的沟通，定期举办国际学术交流和论坛，增进双方的了解与合作。通过这些具体措施，不断完善留学人员管理的全链条服务体系，确保每位留学生都能平安、健康、成功地完成学业。

推进"丝绸之路"合作办学项目。鼓励有条件的中国高校利用优势学科，构建全面的人才培养、运营管理、服务当地及公关关系体系，确保合作项目在当地生根发芽并开花结果。政府应出台政策鼓励和支持中外高校联合办学，特别是通过合资办学、学位互认和联合科研等形式，推动教育资源的优化配置。建立专项资金支持机制，为参与合作办学的高校提供财政、税收等优惠政策，以降低合作成本，激励更多高校参与。此外，设立专门的中介机构或平台，负责协调各方需求，推动校际合作协议的签订与执行，确保项目的顺利进行。

推进"丝绸之路"师资培训计划。通过教师培训增进先进教育经验的交流，提升区域教育质量。促进沿线各国校长互访、教师及管理人员研修交流，推动优质教育模式在各国间的相互学习与借鉴。同时，积极推动沿线国家优质教学设备、教材及整体教学方案的共享与输出，并配套跟进教师培训，以实现教育资源和教学水平的均衡发展。

推进"丝绸之路"人才联合培养计划。加强沿线国家间的研修与访学交流。我们鼓励沿线各国高校在生态保护、能源、交通、语言等急需专业领域开展联合培养项目，促进教育资源在校际间的共享与利用，搭建起一座座连接不同文化和国家的桥梁，促进知识的共享与智慧的碰撞，为"丝绸之路"沿线国家的共同繁荣与发展贡献力量。

3. 共建丝路合作机制

加强"丝绸之路"人文交流高层磋商。这是深化沿线各国文化理解、增进相互友谊与合作的重要举措。通过定期举办高级别会议、论坛和研讨会等形式，为各国政府、学术界、文化机构及民间团体提供一个交流思想、分享经验、探讨合作的平台。组织沿线国家间的双边及多边人文高端对话，共同规划"一带一路"教育合作与交流的整体框架，协同促进各国构建教育双边及多边合作体系和跨境教育市场协同监管机制，合力推进"一带一路"教育合作项目的协同发展。

有效利用现有的国际合作平台。这些平台包括但不限于上海合作组织、东亚峰会、亚太经合组织、亚欧会议、亚洲相互协作与信任措施会议、中阿合作论坛、东南亚教育部长组织、中非合作论坛、中巴经济走廊、孟中印缅经济走廊以及中蒙俄经济走廊等多边合作机制。充分利用这些机制的资源和影响力，为教育合作注入新的活力，推动各国在教育政策、教育资源、教育技术和教育实践等方面的深入交流与合作。

实施"丝绸之路"教育援助计划。提供奖学金和资助，鼓励丝绸之路沿线国家学生来华学习，同时支持中国学生赴沿线国家交流。加强师资培训与交流，组织中方教师赴外授课，帮助提升沿线国家的教育水平，并邀请外方教师来华研修。利用现代信息技术推动远程教育和在线课程，为沿线国家提供优质教育资源。推动教育技术创新合作，加强在科技、医学等领域的合作培训。通过定期评估与优化，确保项目的效果和可持续性，从而推动中外教育合作的长远发展。

（三）大力推进"留学中国"品牌建设

来华留学是我国教育事业的重要组成部分，是教育对外交流与合作的一项重要内容，对我国经济社会发展、增进与世界其他国家和地区的友好合作关系、提高国家的全球影响力，都具有重要的战略意义。① 改革开放以来，伴随着我国整体实力的飞跃和教育吸引力的持续提升，我国与全球教育领域的交流合作愈发频繁，留学教育事业在国内取得了显著进展。至2016年，我国已成为亚洲规模最大、全球范围内主要的留学目的国。为优化留学环境，我国在制度建设、质量保证、入学门槛设定、培养流程规范及留学生就业支持等多个维度，实施了一系列政策保障措施。2020—2021学年，在册国际学生来自195个国家和地区，学历生占比达76%，比2012年提高了35个百分点。②

1. 实施"留学中国"计划

来华留学生作为民间交流的桥梁，扮演着向世界传播中国形象的重要角色。在"留学中国"计划的推动下，越来越多的国际人才选择到中国深造。为了加深留学生对中国高等教育体系、科技创新、社会治理、民众生活以及文化传承等方面的认识，各高校逐渐增设了针对留学生的国情教育课程。同时，相关组织也通过组织多样的活动，如征文与短视频竞赛，为留学生搭建了分享中国故事的广阔平台，激发了他们向世界讲述真实的中国、分享中国发展经验、传递中国声音的强烈愿望。此外，教育部留学服务中心正着力构建留华校友数据库，旨在增强校友间的联系与对中国的归属感，进一步服务于国家教育对外开放的战略布局。

具备中国认知与全球视野的留华毕业生，是中资企业国际化发展的关键人才资源，他们在专业技能、语言沟通以及本土文化理解等方

---

① 程家财：《大力推进"留学中国"品牌建设》，《人民日报》2023年6月21日。
② 《更加开放自信走向世界舞台　盘点中国教育的国际"朋友圈"》，光明网，2022年9月21日。

面展现出显著优势。促进留华学生的就业，不仅能增强"留学中国"品牌的竞争力，还能为提高中国影响力提供智力支持。依托"留学中国"的品牌影响力，匹配企业的人才需求与留学生的就业期望，通过举办招聘会以及实地参观企业，助力"一带一路"建设与人才强国战略的实施。

2. 开展"留学中国"教育推广

"留学中国"教育推广活动是传播中国教育与文化的重要窗口，它在增进国际教育合作、促进中外人文交流及民间友谊方面扮演着不可或缺的角色。20多年来，我们持续组织中国高校集体亮相国际教育展览，与世界各地的留学热门国家同台展示。随着互联网技术的飞跃和大数据时代的到来，留学中国网及其海外社交媒体平台等新媒体工具应运而生，进一步拓宽了"留学中国"品牌的传播路径，使中国高等教育的信息能够覆盖更多海外青年学子，从而提升我国教育在全球的影响力与话语权。

回顾过去，来华留学事业的发展始终与国家的进步紧密相连。展望未来，来华留学工作将紧密围绕国家需求与质量提升，致力于培养关心中国发展、投身中国建设、传播中国正能量的友好人士，以促进更高水平、更宽领域、更富主动性的教育国际交流与合作。

三、积极参与全球教育治理

2022年10月16日，习近平总书记在党的二十大报告中明确指出"积极参与全球治理体系改革和建设"[①]。我国持续深入参与到全球教育治理领域中去，国际影响力显著增强，已发展成为全球教育治理中主

---

① 习近平：《高举中国特色社会主义伟大旗帜　为全面建设社会主义现代化国家而团结奋斗——在中国共产党第二十次全国代表大会上的报告》，人民出版社2022年版，第13页。

动的倡导者和积极的构建者，活跃度日益提升，影响力不断扩大。

（一）全球教育治理的基本内涵

近年来，"治理"在国内成为一个热门概念，也衍生出各种具体治理概念。全球教育治理是其中之一。"全球教育治理是全球治理的重要构成领域，是塑造国家全球教育话语权的基本路径，其内涵包括多个方面。"[1]

目前，"全球治理"已成为一个在全球范围内被广泛接纳并使用的概念。尽管关于"全球治理"的确切定义尚未达成完全一致，但普遍认可的核心要素包含三个方面：治理主体的多元化、治理对象的多样性以及治理手段的丰富性。其涵盖范围极为广泛，几乎囊括了全球事务的所有领域，而全球教育治理便是这一宏大体系中不可或缺的一部分。

随着全球治理理念的兴起，加拿大学者卡伦·芒迪（Karen Mundy）成为较早聚焦全球教育治理领域的代表人物之一。她在1998年率先提出了"教育多边主义"的构想，为全球教育治理的讨论和发展开辟了新视角。[2] 2009年，联合国教科文组织提出教育治理是涉及所有层面上的决策过程。英国学者金·卡（King K）和鲍勃·瑞（Palmer R）认为，全球教育治理是一个用于讨论国家和非国家行动体如何在教育中获得政治权威和影响的组织框架。[3] 国内关于全球教育治理的讨论与研究，主要是近十年以来的事情，且仍不充分、不深入。杜越认为，全球教育治理是各种社会主体共同参与教育发展进程、推进全球教育发展的一

---

[1] 谢剑南、范跃进：《全球教育治理的内涵、效度及中国参与路径》，《大学教育科学》2022年第3期。

[2] 〔加〕卡伦·芒迪、申超：《全球治理与教育变革：跨国与国际教育政策过程研究的重要性》，《北京大学教育评论》2011年第1期。

[3] King K, Palmer R: "Post-2015 and the Global Governance of Education and Training", *Narrag* · 2014, Vol. 12.

种现象。[1]孙进等人认为，全球教育治理是国际社会中的各个利益相关方，通过协商、合作以及竞争等多种机制，积极参与到全球教育事务的管理之中，以维护或确立合理的国际秩序的活动。[2]周洪宇等人认为，全球教育治理是在全球化及民主化背景下形成的一种新型管理模式，是针对普遍存在的教育问题及教育公共事务，实现多方共同参与和协作治理的过程。[3]总的来说，这些定义均具有一定的代表性和合理性。但当前全球教育治理仍未形成一个权威且统一的定义，从全球教育治理的实践来看，不同的治理主体均发挥着各自的作用；治理的客体主要聚焦基础教育的普及与效果提升、高等教育的国际合作与交流以及终身教育的推广与实践；治理的途径则主要包括提供援助、发起倡议、开展合作等多种形式。综上所述，笔者认为：全球教育治理是指不同主体通过各种形式对全球教育事务进行规范化和质量管理。

（二）中国参与全球教育治理的具体实践

近年来，中国加快参与全球教育治理进程，在这个进程中，对于我国参与全球教育治理的意愿、定位、范围、方式等方面都发生了转变，逐步探索出参与全球教育治理的新路径。

1. 由"被动"向"主动"转变

在全球治理理论中，"螺旋模型"是解释规范扩散与内化的一种新的理论模型。这个模型提出，政府起初是出于工具性考量接受治理规范，但在实践过程中，会逐渐内化这些规范。按照这一理论，国家在推动教育国际化和全球化的过程中，通过由"被动"到"主动"的进

---

[1] 杜越：《联合国教科文组织与全球教育治理——理念与实践探究》，教育科学出版社2016年版，第4页。
[2] 孙进、燕环：《全球教育治理的概念·主体·机制》，《比较教育研究》2020年第2期。
[3] 周洪宇、付睿、邓凌雁：《国际思想库：国外教育智库研究》，湖北教育出版社2016年版，第26页。

程，会逐渐接受并应用全球教育治理理念、规范和标准，以促进本国教育优化治理并对接国际先进教育理念与规范。

参与国际组织是逐渐融入国际秩序的重要方式，也是新兴国家"主动"融入世界权力格局、建立全球视野、促进经济社会发展的重要路径。随着全球治理深度变革和国际格局深入转型，全球教育治理格局也发生了改变。中国参与全球教育治理从"被动"向"主动"转变，主要基于三个因素：其一，新中国成立后的一段时期受到美国和西方帝国主义主导的国际秩序的全面封锁，中国只是有限参与社会主义阵营的国际体系；其二，中国经济发展和包括教育在内的各方面尚处于奠基阶段，缺乏强大的综合实力支撑和必要的教育治理经验；其三，中国开启改革开放的大幕后才逐渐主动全面融入全球治理体系，逐渐接受全球教育治理的理念、规范和标准，也才逐渐主动地参与包括教育在内的全球治理。所以，中国作为后发的外生型国家，最初是"游离"于西方主导的全球教育治理体系之外，其后是"被动"地部分参与全球教育治理，然后通过不断学习和改革，从模仿到习得，从接受到内化，把符合自身发展实际的部分国际先进教育理念和教育规范应用于教育水平提升和教育治理现代化，引领我国教育事业快速发展。

在持续发展进步中，中国作为政治经济大国和文化教育大国，越来越在全球教育治理中扮演着重要角色、发挥着重要作用。随着国际局势的演变及我国教育实力的整体提升，中国在国际教育合作与全球教育治理中的角色，正逐步由"观察员"向"学习者"转变，意愿上则由"被动"转为"主动"。《国家教育事业发展"十三五"规划》中明确指出，要加强对国际重大教育规则的研究，充分利用国际组织平台，在全球教育发展议题上积极主动地提出新见解、新倡议和新方案。近年来，中国积极携手相关国际组织和教育智库，以人文交流为桥梁，以教育现代化为追求，推动双边、多边、地区及国际教育合作，深度融入全球教育治理。我们不仅向部分发展中国家派遣教学人员、提供教育设备援助、协助制定教育规范，助力其教育制度与国际接轨，还向包括英国在内的发达国家派遣教育专家，在一定领域内分享我们的教育理念和模式，共同推动教育的交流、合作与发展进步。

2. 由"参与"向"引领"转变

新中国成立之初，尽管我国教育事业在国家的大力支持和保护政策下，得到了长足发展，但高等教育、社会教育和终身教育仍长期处于学习与探索阶段，与西方国家的现代化教育差距较大。改革开放以来，中国教育事业蓬勃发展，开始多方位学习和借鉴西方发达国家的有益经验，积极推动国际先进教育理念、教育规范、教育制度在国内的内化，全面促进我国教育事业的蓬勃发展。中国在促进教育发展过程中，以人民为中心，面向全体国民，坚持教育为国家发展服务，从新中国成立之初的大力降低文盲率，到改革开放后的推动九年制义务教育，再到成为全球最大规模的高等教育国家，始终坚持教育为国、向民、普惠的方针，广泛借鉴吸收国际先进经验，不断提升教育对外开放水平，加快推进教育治理现代化，并且也初步形成了依法治教的法律体系，各方面都取得突出成效。自21世纪特别是进入新时代以来，中国在全球教育治理领域积极汲取国际先进教育理念，其定位逐渐由"参与"向"引领"过渡，角色也从跟跑者转变为领跑者，观念层面则由被动接受转为主动主导，中国步入参与全球教育治理的全新阶段。

全球教育治理的主导权，曾经长期掌控在美欧西方国家以及他们主导的多个国际组织手中，他们制定整套治理规则并形成相对固定的治理机制，其他国家大都只能"被动"接受。这使美欧西方国家主导的全球教育治理成为一种政策工具，成为事实上的一种霸权主义隐性手段。新兴工业国和发展中国家在提高国内教育水平、促进与全球教育治理相衔接的同时，并不是放任教育的全球化带来价值观和生活方式的西方化，而是越来越多地提出了切合发展现实的教育治理理念、规则和标准，由此削弱了西方大国和跨国集团的影响力，使美欧西方国家部分丧失了全球教育治理议程设置的主动权，动摇了全球教育治理的不合理、不平衡、不公正的旧格局。

党的二十大以来，中国的快速发展进一步加快了引领全球教育治理的新实践。党的二十大报告指出，"当前，世界之变、时代之变、历史之变正以前所未有的方式展开"，"人类社会面临前所未有的挑战。面向2035年，中国将更加坚定不移地实施科教兴国战略和人才强国战略，加快推进教育现代化，深度参与全球教育规则的制定"。例如，2024年，世界数字教育大会在上海举行，这是中国积极参与全球数字教育治理的重要体现。世界数字教育大会是中国教育走向世界的重要窗口，通过参与大会，中国可以展示在数字教育领域的最新成果和进展，提升中国教育的国际影响力和竞争力。同时，中国还可以与其他国家共同探讨全球数字教育的发展趋势和挑战，为全球数字教育治理贡献中国智慧和中国力量。

3. 由"区域"向"全球"转变

全球教育治理在中国经历了从认知到熟知、从实验到推广、从运用到创新的渐进发展过程。早期，中国参与全球教育治理主要在两个方面：一方面主要向美国等西方发达国家和国际组织学习教育理念、教育管理、教育规范等；另一方面是在正确义利观指导下，与非洲和亚太等地区的发展中国家开展教育合作，向广大发展中国家提供力所能及的教育支持。

在全球教育合作日益加深的背景下，中国的汉语言文字及教育体系迅速从本土拓展至全球范围。自2021年1月25日起，中文更是正式成为联合国世界旅游组织的官方语言之一。截至2023年5月，全球已有180多个国家和地区开展中文教育，81个国家将中文纳入国民教育体系。① 如今，随着中国在全球舞台上的影响力持续增强，推动汉语在全球范围内的普及与传播，已成为中国在全球教育治理领域中的一个关键着力点。

在从区域参与向全球性融入的转型过程中，中国在参与全球教育治理的征途中虽然取得了瞩目成绩，但遭遇了重重阻碍与挑战，部分问题至今仍是我们需要深入思考与解决的难题。一方面，我国在全球教育治理中的参与模式时常遭受外界的质疑与批评。一些国际势力基于意识形态的偏见，无端地对我国的参与动机、方式及路径提出质疑、排斥乃至恶意抹黑，这在一定程度上给我国带来了不利的国际舆论影响。另一方面，全球教育治理的内容与市场需求之间存在难以完美对接的问题。由于全球教育治理具有作为国际公共产品的多层次性，同时受到不同地区国情、文化、观念及利益诉求多样性的影响，在实际操作中产生了诸多难以调和的矛盾与挑战。

4. 由"输入"向"输出"转变

随着我国逐渐全面融入全球教育治理体系，我国紧紧抓住教育国际化和全球化的历史机遇，积极开展国际教育合作，影响越来越大，发挥的作用越来越大，国家形象也越来越改善，同时，引领性和主导性作用也越来越强。我国将继续在全球教育治理中实行输入与输出并重并行的模式，也就是说，输入会继续，但输出的力度与范围会越来越大。

在"输入"方面，一方面，我国积极促进多种形式的交流与合作，不断学习并吸收全球先进的教育理念，引进优质教育资源，以缩小因规则差异造成的教育差距。另一方面，我国还加大力度强化来华留学生教育，通过实施"留学中国计划"并设立"丝绸之路"中国政府奖学金等举措，提升来华留学生的教育质量和学习成果，吸引更多

---

① 董越：《中文何以全球"圈粉"》，新华网，2024年6月9日。

国际学生选择中国作为留学目的地。我国着力塑造"留学中国"的品牌形象，以此为契机，进一步推动教育、文化及理念的国际交流，为我国的对外教育合作与文化输出奠定坚实的基础。在"输出"方面，中国将持续在多个方面贡献中国教育理念、人才、资金和方案，与志同道合的国家及国际组织一道，积极重塑全球教育治理的话语体系与发展格局。首先，输出教育经验。中国在参与全球教育治理的过程中，不断提炼和总结成功经验，形成可推广的模式，并主动向国际组织、西方国家以及发展中国家分享我国在教育改革发展及教育评估认证标准方面的经验，针对各类教育议题和问题，中国积极提出具有针对性的新见解、新倡议、新策略和新标准。其次，对外合作援助。面向第三世界的对外教育援助仍是教育"输出"的重要内容，我国要充分利用作为教育大国的优势，激励志愿者投身于教育援助服务，同时大力推动包括整体教学方案、高质量教学仪器设备等在内的综合性教育援助项目。最后，完善孔子学院布局。孔子学院作为展示中国文化与教育理念的重要品牌窗口，为中国文化的国际传播和教育理念的交流提供了重要平台。近年来，中国不断深化与世界各国的语言文化交流，积极推进"新汉学计划"和全球"汉语桥"等项目，并加大在全球范围内建设实体孔子学院的力度。截至2023年10月，中国院校在132个"一带一路"共建国家办有313所孔子学院、315个孔子课堂。[1]

总体而言，我国深度参与全球教育治理是新时代我国对外开放战略的重要内容，这既是自身发展之需，也是对外作出贡献之需，更是开放性世界和教育国际化发展的时代大势。新时代中国参与全球教育治理，还要进一步总结经验和不足，理顺发展思路，要以人类命运共同体为指引，洞悉把握中华文化特色，积极推进全球发展倡议，构筑

---

[1] 董越：《中文何以全球"圈粉"》，新华网，2024年6月9日。

参与全球教育治理的推进机制，提供更多高质量教育公共产品，继续全方位提升全球教育治理的参与能力和实力。

（三）推动全球教育秩序走向公平公正

全球教育治理按运行机制的不同可以分为全球正式教育治理与全球非正式教育治理。我国多参与各种非正式教育治理，如亚洲太平洋经济合作组织、二十国集团、博鳌亚洲论坛等国际或区域性论坛，以拓展中国参与全球教育治理的实践场域，为人类命运共同体建构提供教育的力量。

1. 参与亚太经济合作组织相关活动，传播中国教育实践理念及经验

提出教育议题，凸显中国在亚太地区教育领域的影响力。2016年，中国牵头、联合各成员共同研制的《亚太经合组织教育战略》在亚太经济合作组织教育部长会议上通过。该战略是亚太经济合作组织成立以来首个教育领域的中长期发展规划文件，确定了到2030年亚太地区教育发展的愿景、目标与行动，引领未来亚太地区教育发展。2017年，中国牵头制定的《亚太经合组织教育战略行动计划》写入《亚太经合组织部长级会议联合部长声明》，中方人员承担教育网络协调人的角色，发挥着建设性、开创性作用，是中国深度参与全球教育治理的体现，表明中国在全球非正式教育治理领域的话语权得到强化。此外，中国主办了2008年第四次亚太经济合作组织教育部长会议预备会、2018年亚太经济合作组织教育与经济发展政策对话会、历届亚太地区教育部长会议等高级别活动，中国的国家领导人、教育部负责人、国家级教育智库负责人等均在历届会议上充分阐述、宣传推介中国的教育理念、主张与实践经验，展示了中国在亚太地区教育领域的领导力和影响力。

2. 通过二十国集团参与全球教育议题设置，提供知识性教育国际公共产品

知识性教育国际公共产品是解决全球性教育问题的重要工具，体现为一系列教育治理制度、机制、规则与标准等，为确保这些国际公共产品的充分且有效供给，需要发达国家与发展中国家携手开展合作、共同遵循多边主义原则。二十国集团作为21世纪全球最具代表性的国际论坛之一，在全球教育治理中相较于传统国际组织扮演着独特角色，发挥着重要作用。另外，历届二十国集团峰会发布的公报及所附的文件都一定程度上体现了中国在全球教育领域发挥的影响，尤其是中国2016年主办的二十国集团杭州峰会，以及主办为落实峰会教育共识的二十国集团教育对话会议，都充分表明了中国参与全球非正式教育治理的重要角色与地位。同时，中国在历届二十国集团教育部长会议上均积极分享中国教育经验和主张。如在2022年的教育部长会议上，中国分享教育均衡发展、教育数字化建设经验，提出共同引领教育数字化转型执行力的倡议，展现了中国在世界教育领域的引领性。

3. 主办亚洲教育论坛，促进亚洲地区教育交流与合作

论坛是参与主体间就相关议题进行平等对话的平台，以平等性、交互性为基本特征。亚洲教育论坛是中国以博鳌亚洲论坛为依托主导设立，关注亚洲教育问题的一个国际性交流对话平台，通过定期举办论坛推动亚洲教育问题的解决。截至2023年，中国已成功举办20届亚洲教育论坛，开展了包括亚洲教育部长级会议、博鳌亚洲教育合作磋商机制在内的一系列官方磋商活动，论坛各个级别的官方磋商议题广泛，涉及各级各类教育，与全球教育发展趋势相呼应。亚洲教育论坛把政府、民间力量聚集起来，形成一个稳定的亚洲教育对话与磋商机制，有利于亚洲教育成果经验、资源的交流与共享，提升亚洲在全球的整体竞争力。中国协同各方充分发挥亚洲教育论坛的作用，进一步扩大其在亚洲乃至世界教育领域的影响，真正实现论坛"架起亚洲教育合作桥梁"的宗旨，促进亚洲教育发展，中国在亚洲教育领域的话语权日益彰显。

4. 多元共治：推动全球教育治理参与主体多元化

教育智库、非政府组织和企业既是中国参与全球教育治理的重要行为体，也是建构全球教育话语权的多元主体。教育智库是对国家教育重大战略及热点难点问题开展研究与咨询的专门机构。教育智库发挥公共外交功能，与国外机构进行教育交流与合作，共同开展联合研究与咨询，与世界分享中国的教育思想与实践经验，推动中国与世界的沟通与理解，塑造中国教育国际形象。非政府组织是在地方、国家或国际层面组织起来的非营利性的自愿公民组织，非政府性、非营利性、公益性是其共同特征。中国的非政府组织与国际组织、发展中国家的公益组织合作开展与教育相关的国际发展项目和国际人道救援，成为中国参与全球教育治理、传播公益性价值的重要力量。企业是教育创新的领导者，随着中国企业国际化步伐加速，为了营造适宜的社会环境，塑造良好的企业形象，中国企业参与国际公益性教育创新活动成为内生性需求。中国企业以自身行业特色及前沿科技参与全球教育治理，这是中国企业科技和软实力不断增强的体现，展示了中国企业的教育创新能力和创新精神，在全球教育话语权塑造维度具有不可替代的特殊优势。

第七章

培养高素质教师队伍

教师是立教之本、兴教之源，是建设教育强国的根本力量。党的十八大以来，我国教育事业迎来了蓬勃发展的新阶段，师德师风建设的体制与机制持续得到健全，教师队伍的整体素质显著提升，结构日趋合理，福利待遇也得到了实质性的改善，教师队伍建设取得了具有历史意义的重要成果，为党和国家培养了大量杰出人才，对我国教育事业的繁荣发展作出了极为宝贵的贡献。习近平总书记在不同场合多次表达对教师队伍的关心关怀并提出殷切期望，指出"教师是教育工作的中坚力量。有高质量的教师，才会有高质量的教育"①，强调"要把加强教师队伍建设作为建设教育强国最重要的基础工作来抓，健全中国特色教师教育体系，大力培养造就一支师德高尚、业务精湛、结构合理、充满活力的高素质专业化教师队伍"②。2018年初，《中共中央 国务院关于深化新时代教师队伍建设的改革意见》发布，作为新中国历史上首个专门针对教师队伍建设的标志性政策文件，它为打造党和人民期盼的高素质、专业化、创新型教师队伍设定了蓝图。该意见旨在到2035年显著提升教师的综合素质、专业水平及创新能力，培养出百万骨干、十万卓越及数万教育家型的教师队伍，并对此进行了全面规划。进入2023年9月，习近平总书记在给全国优秀教师代表的信中，首次提出了富有中国特色的"教育家精神"。③随后，在2024年9月的全国教育大会上，习近平总书记进一步强调，需通过实施教育家精神引领的教师队伍建设行动，强化师德师风，提升教师培养与培训的质量，

---

① 《习近平在看望参加政协会议的医药卫生界教育界委员时强调　把保障人民健康放在优先发展的战略位置　着力构建优质均衡的基本公共教育服务体系》，《人民日报》2021年3月7日。
② 《习近平在中共中央政治局第五次集体学习时强调　加快建设教育强国　为中华民族伟大复兴提供有力支撑》，《人民日报》2023年5月30日。
③ 《习近平致全国优秀教师代表的信》，《光明日报》2023年9月10日。

以培养适应新时代需求的高水平教师队伍。①从教育大国迈向教育强国的征程，不仅是一次系统性的飞跃，更是一场深刻的质变，这对教师队伍的建设提出了更为严格与迫切的新要求。这不仅体现了我党总是站在战略和全局高度充分认识教师队伍建设的极端重要性，更是基于对教育规律和教师成长发展规律的深刻把握，科学回答了新时代建设一支什么样的高素质教师队伍，如何建设一支高素质教师队伍等一系列理论和实践问题。

一、把师德师风建设摆在首要位置

师德高尚是教师安身立命的重要准则，师德师风建设对于塑造教师队伍的正面形象至关重要。习近平总书记号召广大教师做有理想信念、有道德情操、有扎实学识、有仁爱之心的好老师。②2016年9月，习近平总书记在北京市八一学校考察并发表重要讲话，强调广大教师要做"学生锤炼品格的引路人，做学生学习知识的引路人，做学生创新思维的引路人，做学生奉献祖国的引路人"③。2016年12月，习近平总书记在全国高校思想政治工作会议上提出了新时代加强师德师风建设"四个相统一"，即坚持教书和育人相统一，坚持言传和身教相统一，坚持潜心问道和关注社会相统一，坚持学术自由和学术规范相统一，明确了师德师风建设的内在要求和外在规范。④2018年，习近平总书记在北京大学师生座谈会上强调"评价教师队伍素质的第一标准应

---

① 习近平：《紧紧围绕立德树人根本任务 朝着建成教育强国战略目标扎实迈进》，《人民日报》2024年9月11日。
② 习近平：《在北京大学师生座谈会上的讲话》，人民出版社2018年版，第8页。
③ 习近平：《全面贯彻落实党的教育方针 努力把我国基础教育越办越好》，《人民日报》2016年9月10日。
④ 《习近平在全国高校思想政治工作会议上强调 把思想政治工作贯穿教育教学全过程 开创我国高等教育事业发展新局面》，《人民日报》2016年12月9日。

该是师德师风"[1]。2021年3月，习近平总书记在看望参加政协会议的医药卫生界教育界委员时，提出思政课教师"政治要强、情怀要深、思维要新、视野要广、自律要严、人格要正"的"六要素质"新要求。[2]从"四有好老师"到"四个引路人"，从"四个相统一"到"六要素质"，习近平总书记先后明确提出了师德师风建设的具体标准和根本路径。在党的二十大报告中，习近平总书记再次强调，加强师德师风建设，培养高素质教师队伍。[3]我们需要深入领会习近平总书记关于师德师风建设的重要论述，紧紧抓住新时代教师队伍建设中那些具有基础性、引领性、全面性的核心理论与实践议题，确保师德师风作为首要标准，贯穿为党育人、为国育才的每一个环节。

（一）全面加强教师队伍思想政治工作

不断提高高校教师思想政治工作的质量，是新时代构建高质量教师团队的首要职责，对于坚守社会主义教育道路、深入实施党的教育政策、践行立德树人核心使命，以及培育具备德智体美劳综合素养的社会主义建设者和接班人，具有深远的意义。

1. 突出思想铸魂

思想引领方向，使命凝聚力量。突出思想铸魂，关键在于深化、内化并转化对习近平新时代中国特色社会主义思想的学习与实践，从根本上净化思想源头，巩固思想根基，确立坚定的信仰，充实精神力量，并牢牢把握思想导向。一是完善教师理论学习体系：建立并优化教师学习习近平新时代中国特色社会主义思想的制度化、常规化机制，尤其强调深入学习习近平总书记关于教育的重要讲话精神，确保每位

---

[1] 《习近平在北京大学师生座谈会上的讲话》，《人民日报》2018年5月3日。
[2] 《习近平看望参加政协会议的医药卫生界教育界委员》，新华社，2021年3月6日。
[3] 习近平：《高举中国特色社会主义伟大旗帜　为全面建设社会主义现代化国家而团结奋斗——在中国共产党第二十次全国代表大会上的报告》，人民出版社2022年版，第34页。

教师都能深刻领会、内化于心，自觉以"四个意识"为指引，以"四个自信"为根基，以"两个维护"为灵魂支柱。二是构建高质量教育基地与培训体系：充分利用高水平大学的资源优势，建立一批思想教育基地，并结合党校的资源，定期组织教师参与思想政治轮训。此过程能够帮助教师更全面地掌握马克思主义的立场、观点和方法，深刻认识国内外发展形势，增强对中国特色社会主义的全面认同，包括政治、思想、理论和情感层面。三是实施精细化思想政治培训计划：根据教师群体的不同发展阶段和岗位职责，如新入职教师、在职教师、党员干部、行政人员、辅导员及研究生导师等，实施分层分类的思想政治培训。这种精准化的培训策略能够满足每位教师的个性化发展需求，确保思想政治工作的深入细致与实效。特别关注高层次人才、海归教师及青年教师群体，通过更具针对性的教育引导，提升其思想政治素养。

2. 坚持价值导向

将社会主义核心价值观全面融入师德师风建设的各个环节，激励广大教师以高尚品德为基石，构建学术与教育体系，成为党和人民高度认可的"四有"卓越教师，并努力成为学生在求知、行事、为人方面的楷模。具体措施包括，一是强化文化滋养：积极弘扬中华优秀传统文化、革命文化及社会主义先进文化，同时培育科技创新氛围，使这些文化精髓渗透到学校管理和校园文化构建的每个细节中，以此涵养师德师风，形成师生员工共同的价值认同与追求。二是强化实践体验：秉持"身教胜于言传"的原则，鼓励教师参与社会实践，深刻认识国内外形势、党的方针、国家发展、社会现状及民众需求，增强教育兴国、教育为民的使命感。完善教师志愿服务体系，激励更多教师投身志愿服务，通过服务社会的实践深化教育情怀。三是树立典型榜样：深入挖掘并表彰身边的优秀教师典型，如寻找"张桂梅式"的教师楷模，广泛传播那些积极向上、敬业奉献、勇于创新改革的正面案例。邀请这些优秀教师走上讲台，用他们的真实经历诠释师德真谛，发挥先进典型的示范引领和正面影响，带动整个教师队伍的素质提升。

3. 加强党建引领

要坚定确立党支部在学校所有工作中的核心引领作用，将党支部建设视为学校党建工作的基石，确保思想政治工作、党员严格教育管理和群众工作均在支部层面得到有效落实。将教师党支部打造成为党员教育的园地、群众团结的中心以及应对挑战的坚强后盾。一是强化教师党支部建设：将其构建为培育师德师风的关键阵地。通过日常提醒、教育以及定期的沟通交流，密切关注教师思想状况，重视其身心健康，并积极解决他们的实际问题。对于涉及教师切身利益的重要决策和工作，应主动征求教师党支部的意见。二是优化党员教师队伍：鼓励并促进党员教师在高尚师德方面的率先垂范。加大对高层次人才和优秀青年教师的党员发展力度，同时完善学校领导与入党积极分子，特别是教师的联系机制。三是推动"智慧党建"与高校教师思政工作的数字化转型：利用现有党建平台资源，升级构建"高校教师党建与思想政治工作数据平台"，实现党建和思政工作流程的标准化、信息化和数字化。通过该平台，对教师党建和思政工作进行实时监测和精准指导，以促进其质量的持续改进和稳步提升。

（二）大力提升教师职业道德素养

构建师德建设的长效机制，促进师德建设持续深入地开展，并不断创新师德教育模式，细化师德行为规范。鼓励教师以高尚品德为基石，贯穿个人修养、学术研究及教学实践中，实现教书与育人的和谐统一，言传身教并重，既深入探索学问又心系社会发展，在享有学术自由的同时恪守学术诚信。引导教师努力成为"四有"优秀教师，即有理想信念、有道德情操、有扎实学识、有仁爱之心，全心全意地成为引领学生塑造品格、获取知识、激发创新思维、报效国家的教师。从强调教师应具备理想信念，到成为引领学生奉献国家的榜样，再到深化为心怀大局、真诚报国的坚定信念，习近平总书记对教师职业道德的要求日益具体、明确且丰富。

1. 突出课堂育德，在教育教学中提升师德素养

有效利用课堂教学作为主要途径，激励教师坚守教学岗位的核心阵地，把品德培养作为教育的首要任务，将其全面融入日常教学的各个环节，通过心灵启迪心灵、品德塑造品德、人格影响人格。要深入理解并遵循学生身心发展的自然规律，力求实现教育覆盖全员、贯穿全程、渗透全方位的育人目标，提升教育的积极性、精确性和有效性，防止只重视知识传授而忽视品德培养的现象。加强对新进及青年教师群体的指导力度，依托"以老带新"等传统有效机制，促进经验传承与互助，帮助他们迅速掌握教育规律、精进教学技巧，并在教育实践中不断提升自身的道德品质。同时，将师德师风建设作为师范生培养及教师职业生涯发展的主线，要求师范生必修师德教育相关课程，并在在职教师的年度培训中固定设置师德师风专题教育，确保这一重要内容的持续强化与深化。

2. 突出典型树德，持续开展优秀教师选树宣传

积极推广新时代教师队伍积极向上、勤勉敬业、乐于贡献、勇于创新的崭新风貌。深入发掘并表彰优秀教师典范，通过荣誉授予、事迹分享会、媒体推广、文艺创作等多种途径，有效发挥他们的引领示范作用及影响力。实施多维度优秀教师选拔与宣传活动，确保每所学校都有可学习的典型，让榜样力量触手可及，激励每个人见贤思齐。邀请"时代楷模"、全国教书育人楷模、国家级教学名师及"最美教师"等开展师德师风宣讲活动。倡导各地方学校采用实践反思、模拟情境教学等方法，邀请一线杰出教师走进课堂，以亲身经历和真实故事生动诠释师德精髓。同时，强化社会实践教育环节，举办"激发爱国情怀，共筑民族梦想"教师实践活动，组织教师前往全国各地调研交流、支教服务，促使教师在实践中深刻理解并践行教育初心，努力成为教书育人的杰出代表。

3. 突出规则立德，强化教师的法治和纪律教育

明确师德师风建设的底线规则，旨在引导教师树立纪律意识、底线思维和职业操守。坚守底线、遵守规则是提升教师职业道德素养的基石，有助于实现师德体系的最佳职业功能价值。近年来，《新时代中小学教师职业行为十项准则》及《高校教师师德失范行为处理指导意见》等文件的出台，从多方面详细规定了师德师风建设的具体要求，并通过"红七条"和"一票否决"等机制，明确划定了师德底线，有助于在严格管理与深切关怀中，塑造教师敬业、崇德的新形象。一是将底线准则转化为具体任务举措，融入教师教育管理全过程，发挥其在师德师风建设中的制度约束作用。二是制定教师法治教育大纲，将法治教育纳入各级教师培训体系，全面梳理并强化教师在教学、关爱学生、师生关系、学术研究及社会活动等方面的纪律要求，构建系统化、常态化的宣传教育机制。三是加强警示教育，利用师德失范典型案例，警醒广大教师，促使其自重、自省、自警、自励，避免师德失范行为的发生。

（三）将师德师风建设要求贯穿教师管理全过程

2013年开始相继颁发《关于建立健全中小学师德长效机制的意见》《关于建立健全高校师德建设长效机制的意见》《关于加强和改进新时代师德师风建设的意见》，将师德师风建设推向制度化、规范化和法治化轨道。加强对教师思想政治素质及师德师风的监督力度，通过强化师德评价体系，明确奖惩分明，实施师德考核负面清单管理，并构建教师个人信用档案。同时，完善诚信宣誓与失信惩罚机制，以有效解决师德缺失、学术不诚信等问题。

1. 严格招聘引进，把好教师队伍入口

优化教师资格认证流程，完善教师招聘与引进机制，强化思想政治与师德审核，确保党组织在招聘中的领导与把关角色。制定全面、科学的标准和程序，摒弃单一依赖分数、文凭、职称、论文及荣誉头衔等倾向。鼓励地方与学校依据实际情况，探索将心理健康测评纳入拟聘教师评估体系，作为聘用决策的重要考量。在教师聘用环节，明确将思想政治与师德标准写入合同，加强试用期内的综合评估，对不符合要求者，坚决取消聘用资格并解除合同。加强对海外引进人才的全面考察，确保人才引进的高质量。

2. 严格考核评价，落实师德第一标准

将师德考核置于教师评价体系的首位，采用多元化、多主体评价方式，确保评价基于事实，融合定性与定量方法，提升评价的科学性和有效性，全面、公正地反映教师的师德状况。利用师德考核约束并提醒教师行为，及时反馈考核中发现的问题，并采取具体措施协助教师提升认识、实施整改。加强师德考核结果的应用，对师德考核不合格者，其年度考核应判定为不合格，并剥夺其参与职称评定、评优评先、荣誉表彰、科研项目及人才计划申请等资格。

3. 严格师德督导，建立多元监督体系

构建全面、公正、科学的师德师风监督体系，需吸纳多方参与。政府层面，应加大对地方教育部门的督导力度，将师德师风建设长效机制的执行情况纳入地方政府教育职责评估的关键指标，并针对师德师风问题频发的地区和民众反映强烈的问题开展专项检查。学校层面，需在显眼位置公布举报渠道，如电话、邮箱等，确保能依法合规地接受公众监督与举报。此外，还要推动社会监督力量的参与，探索实施师德师风监督员制度，定期评估学校师德师风建设情况并向教育部门反馈，将此作为学校及其领导班子年度考核的关键依据。

4. 严格违规惩处，治理师德突出问题

促进地方与高校贯彻执行新时代教师职业行为的相关准则及文件要求，制定详尽的教师职业行为负面清单。将群众关切、社会反响强烈的突出问题列为严查重点，特别针对高校教师性骚扰学生、学术不端行为，以及中小学教师违规有偿补课、接受学生和家长馈赠等行为，开展专项整治。一旦查证属实，将依据规定给予相应组织处理或纪律处分，情节严重者将依法剥夺其教师资格并清除出教师队伍。建立师德失范曝光平台，完善师德违规通报机制，以达警示效果。构建并共享违法信息数据库，健全教师入职查询制度，并对有违法犯罪记录的人员实施从教限制，确保教师队伍的纯洁性。

（四）着力营造全社会尊师重教氛围

2021年3月，习近平总书记在看望参加全国政协会议的医药卫生界教育界委员时提出要在全党全社会大力弘扬尊师重教的社会风尚，推动形成优秀人才竞相从教、广大教师尽展其才、好老师不断涌现的良好局面。[1] 千千万万优秀教师的爱岗敬业与辛勤付出，为我们全社会不断培养高素质人才，他们深刻诠释了为人师者的使命担当，也彰显了尊师重教的重要意义。我们要持续营造尊师重教的良好社会氛围，吸引更多有志青年投身教育事业，形成良好教师队伍建设生态，实现教师队伍良性更替。

1. 强化地位提升，激发教师工作热情

在制定教育改革与教师队伍建设的关键决策和重要文件时，广泛征求教师代表的意见。于各地重要节庆活动中，邀请杰出教师代表参与。对优秀教师进行表彰与奖励，依法依规在贡献卓越、声誉卓著的教师中评选"人民教育家"荣誉，并建立健全包括教书育人楷模、模

---

[1] 习近平：《把保障人民健康放在优先发展的战略位置　着力构建优质均衡的基本公共教育服务体系》，《人民日报》2021年3月7日。

范教师、优秀教师等在内的多元化教师荣誉体系。同时，完善表彰奖励制度及其管理措施，确保荣誉获得者享有相应的政治与生活待遇，并加强对他们的后续支持与服务。

2. 强化权利保护，维护教师职业尊严

保障教师依法教学的权利，促进相关法律法规的完善，清晰界定教师在教育管理学生方面的合法权限，并研究制定教师适当惩戒措施。学校及有关部门应确保教师履行教育职责时得到法律保护，对于非教师过错导致的学生意外伤害，教师依法免责。坚决维护教师尊严，对于因教师履行职务而遭受学生、家长及其亲属侮辱、谩骂、身体伤害，或通过网络进行诽谤、恶意抹黑等行为，相关部门需严肃对待，依法严惩，构成犯罪的，将依法追究法律责任。学校和教育部门需为教师维护合法权益提供必要的法律支持与服务。

3. 强化尊师教育，厚植校园师道文化

自幼儿园阶段起，强化尊师教育，加速构建既传承中国优秀传统文化又顺应时代精神的尊师重教文化氛围。推动尊师文化融入教材、课堂及校园生活，利用"尊师第一课"、9月尊师主题月等活动，将尊师重教的观念深植学生心中。鼓励有条件的地方和学校整合现有资源，灵活安排一线教师，特别是长期耕耘在教育一线的教师，尤其是班主任和乡村教师，参与疗休养活动。同时，妥善做好教师退休工作，以礼相待退休教师，进一步弘扬尊师传统。完善教职工代表大会制度，确保教师能够充分参与学校决策过程，行使民主权利。此外，还要加强家庭教育指导，完善家校沟通机制，引导家长尊重学校教育规划，珍视教师的工作成果，与学校携手促进学生全面发展。

4. 强化各方联动，营造尊师重教氛围

政府、社会、学校及家庭需携手合作，强化尊师教育，共同营造尊重教师的社会风尚。应传承并发扬中华民族尊师重教、崇尚知识与学习的优良传统，将尊师文化融入中华优秀传统文化与社会主义核心价值观的教育之中。要引导青年学生树立"躬耕教坛、强国有我"的理想，将个人追求与国家发展紧密结合，激励青年教师在教育实践中持续精进，为实现教育强国目标贡献力量。还应加强反映新时代教师风采的影视文学作品创作，利用微博、微信、短视频等新媒体平台，传播教师正能量，增进公众对教师职业重要性的认识。同时，倡导行业企业在提供服务时给予教师优先权，鼓励图书馆、博物馆、科技馆等文化场所及历史遗迹、纪念馆对教师实施优惠措施。鼓励社会各界通过资金捐赠、设立基金或项目等形式，支持教师提升专业素养、参与疗休养及获得奖励，共同促进教师队伍的健康发展。

二、健全中国特色教师教育体系

教师是教育的第一资源。实施教育优先发展战略，必然要求优先发展教师教育。健全教师教育体系是从源头和过程着手打造高质量教师队伍的最有效途径。习近平总书记指出："找准教师教育中存在的主要问题，寻求深化教师教育改革的突破口和着力点，不断提高教师培养培训的质量。"[①] 党的十八大以来，秉持"师德为先、能力为本、学生为重、终身学习"教师发展理念，国家大力振兴教师教育，大力推进教师专业化，全面提高教师综合素养，教师工作取得了历史性成就，教师队伍整体面貌发生了格局性变化，已基本建成"以师范院校为主体、高水平非师范院校参与、优质中小学（幼儿园）为实践基地的开放、协调、联动的中国特色教师教育体系"[②]。但从"建成中国特色教师教育体系"到"健全中国特色教师教育体系"，亟须进一步深化高质量师资体系改革。

[①] 习近平：《做党和人民满意的好老师——同北京师范大学师生代表座谈时的讲话》，人民出版社2014年版，第13页。
[②] 《中共中央、国务院印发〈中国教育现代化2035〉》，《人民日报》2019年2月24日。

（一）构建高质量的中国特色师范教育体系

教师是教育的第一资源，师资是构成教育条件的首要资源。《中共中央国务院关于全面深化新时代教师队伍建设改革的意见》明确强调，坚持教育优先发展战略，把教师工作置于教育事业发展的重点支持战略领域，优先谋划教师工作，优先保障教师工作投入，优先满足教师队伍建设需要。师范教育体系是中国特色教师教育体系的重要组成部分，对于教师队伍建设和教育事业发展具有关键性作用。[①]2024年6月，教育部等部门联合推出《直属师范大学本研衔接公费师范生教育实施办法》，立足优化师范生公费教育制度，实行本科和研究生阶段一体设计、分段考核、有机衔接的公费师范生培养制度，为中小学提供研究生层次的优秀教师。[②]

1. 加强对公费师范教育的重点支持

教师职业显著体现了其公共性质。在促进学生成长、达成国家人才培养目标以及推动教师队伍专业化发展方面，教师教育承载着重要的社会责任与正义。中共中央、国务院强调要增强教师肩负的国家职责与公共教育服务功能，确立公办中小学教师在法律上的特殊地位，作为国家公职人员，同时清晰界定其权利与义务，并加强对教师职业的保障与管理力度。

直属师范大学是中小学教师队伍补充的优质来源，是建设高素质教师队伍重要的源头活水。2007年起，国家在六所直属师范院校实施免费师范生试点，2018年颁布《教育部直属师范大学师范生公费教育实施办法》，将"师范生免费教育政策"调整为"师范生公费教育政

[①] 《中共中央国务院关于全面深化新时代教师队伍建设改革的意见》，《人民日报》2018年2月1日。

[②] 《教育部直属师范大学本研衔接师范生公费教育实施办法》，《人民日报》2024年6月15日。

策"①，是国家在培养高素质教师队伍方面的重要举措，也是从制度层面如何破解教育领域难题的积极探索。政策的实施推动了部属师范大学教师教育模式的深化改革，强化了以教育教学实践为导向的教师培养；充实了中西部地区的优质教师队伍，带动了地方师范生教育的发展，较好地改善了中小学师资队伍的现状。

以地方政府为主导，推动建立国家教师队伍建设改革试验区。地方政府在基础教育教师队伍建设中扮演着核心角色。中央政府鼓励地方政府发挥主体作用，整合区域内高校、教育发展机构及中小学等资源，在师范生培育、教师专业成长、教师人事管理改革及教育教学研究与创新等领域开展先行试点，积累并推广可复制的成功经验。地方党委、政府需强化对公费师范教育的引导、扶持与监管，同时，直属及地方师范院校应将公费师范教育视为学校发展的重要议题。此外，将培养杰出中小学教师的成效作为衡量直属师范大学教育质量的关键标准。各级教育督导机构需将本科与研究生阶段衔接的公费师范生教育纳入督导范畴，加大督查力度，并及时公布督导结果，这进一步体现了中国特色教师教育服务于人民、体现公共利益的特性。

2.提升教师学历向研究生层次跃升

我国在教师教育体系上的培养重心已从本科层次跃升至研究生层次，这一变革旨在适应2035年教育强国建设的目标，并紧随全球教师队伍建设的发展趋势。一方面，随着高等教育普及化与基础教育改革的深化，社会各界对学历的要求普遍提升。目前，我国中小学教师培养结构已从"中师—专科—本科"向"专科—本科—硕士"转型，硕士学历教师成为中学教师队伍的重要补充。另一方面，提升教师学历，强化其学术性与研究性，亦是全球教育强国强化教师队伍的关键策略。对比而言，欧盟和经济合作与发展组织成员国的初中教师中，拥有

---

① 《教育部直属师范大学师范生公费教育实施办法》，《光明日报》2018年8月11日。

研究生及以上学历的比例较高，而我国2022年的这一比例仅为5.0%。

最新颁布的《教育部直属师范大学本研衔接公费师范生教育实施办法》，顺应各地对高学历层次教师的需求，调整了原有政策，将公费师范生免试攻读非全日制教育硕士转变为免试攻读全日制教育硕士，以解决工学矛盾，提高毕业率，增强政策效果。此举确保了公费师范生本研学习的连贯与统一，提升其学术水平与教学实践能力，直接向中小学输送研究生层次的教师。这种本科与研究生阶段一体规划、分段考核、紧密衔接的教师培养模式，具有周期长、衔接紧、标准高的特点，为师范院校提升人才培养质量，培育师范生教育家精神，融合学科、教育与实践素养提供了更广阔的创新空间。

3. 推进高水平教师资源的公平配置

我国基础教育阶段师资水平在城乡、区域及校际间存在显著不均衡，尤以中西部地区为甚。为应对这一挑战，国家推出了一系列针对性举措：包括"本研衔接公费师范计划"，旨在为中西部地区非省会城市及以下地区培养高层次中小学教师；"优师计划"，由直属与地方师范大学共同实施，面向832个脱贫县；"地方公费师范教育计划"，则由省属师范大学针对乡村学校、学前教育及特殊教育等领域展开。

公费师范教育毕业生由原先的"省来省去"转变为"省来市去"，明确培养重点为中西部地区非省会城市的中小学教师，避免流向直辖市、计划单列市或省会主城区。招生计划向欠发达地区倾斜，优化师范生在省内的分布。公费师范生毕业后需返回生源地所属地市任教，至少服务六年，其中到城镇学校工作的还需在农村义务教育学校服务至少一年。

这些公费师范教育计划对于推动我国教师队伍建设、促进教育资源均衡分布具有重要意义。它们以提升培养层次为核心，深化省域内教育均衡发展，通过不同阶段的学习激励与强化履约任教要求，引领中小学教师培养模式改革，为欠发达地区定向培养并补充教师资源，为中西部地区的持续发展注入不竭动力。

（二）支持高水平综合大学开展教师教育

综合性大学开展师范教育，既是世界各国教师教育改革发展的基本走向，也是我国教师教育体系回应时代需求和社会需要，进一步拓展教师教育资源、不断提高教师教育质量的重要举措。2022年，教育部等八部门联合印发的《新时代基础教育强师计划》，明确提出在新时代要"构建师范院校为主体、高水平综合大学参与、教师发展机构为纽带、优质中小学为实践基地的开放、协同、联动的现代教师教育体系""支持高水平综合大学开展教师教育，推动师范人才培养质量提升"[①]。我国师范教育体系走向开放化的重要标志就是综合性大学参与教师培养，进一步扩大教师教育的平台与资源供给。

1. 依托优质资源

综合性大学参与师范教育主要有以下情形：第一，一些综合性大学本身是由传统的师范院校改制而成的，这类综合性大学自然保留了一部分师范教育的功能。例如，浙江大学、山西大学、苏州大学、扬州大学、广州大学等本身是由师范学院扩充而来，因此保留了部分师范教育的功能。第二，21世纪以来，一些师范专科学校升格为本科性的综合学院，这部分学校也具有一定的师范功能。目前这类学校在综合性大学参与师范教育中占主体地位。第三，一些高水平的综合性大学在原有的高等教育研究中心基础上发展为教师教育学院或教育学院，参与高层次教师的培养与培训。比如，2000年北京大学组建教育学院，2009年清华大学组建教育研究院，等等。以清华大学的教育学本科辅修课程为例，自2016年启动至今已有五年历程，其间该项目积累了相当的实践经验。作为一个新的改革项目，特别是与长期从事教师教育

---

① 《教育部等八部门关于印发〈新时代基础教育强师计划〉的通知》，《中华人民共和国教育部公报》2022年第C2期。

的师范院校比较，它仍然是非常稚嫩的，但它是有生命力的，因为它适应了新时代教师教育的需求，依托着清华大学深厚的文化与学术底蕴，汇聚了学校高水平的学科发展与研究成果。该项目尤为独特且关键的价值体现在清华大学参与所带来的社会效应上。显然，清华大学、北京大学等国内顶尖学府涉足基础教育师资培养的行动，是一个强有力的信号，表明中小学师资培育已被纳入世界一流大学的人才培养范畴。为促进中国顶尖学府投身师资教育，需构建涵盖科技、科学及工程教育教师的培养框架。这要求整合顶尖学科的学术资源，集结高素质的教学队伍，并依托专业优势，开发基础扎实、口径宽泛、形式多样的师资教育课程。随着众多高水平大学的共同参与，顶尖综合性大学的毕业生步入教育领域将成为普遍现象，这将有望进一步提升教师的社会地位与声誉。

2. 创新培养机制

一方面，综合性大学参与教师教育将直接为基础教育培养一批优质师资。综合大学依托其平台、资源、生源等方面的优势，将能够为适合综合性大学毕业生发挥专长的基础教育学校培养输送一批教师，推动基础教育师资来源的多样化。另一方面，作为教师教育实践领域中相对较新的伙伴，综合性大学将更有可能跳出师范教育传统观念与实践，结合新时代社会需求从教师教育的理念、模式、课程、管理、评价等多方面进行探索创新，为基础教育提供具有创新理念、能力与实践的教育人才。此外，综合性大学涉足教师教育，能够促进师范院校在积极健康的竞争环境中，更加清晰地确立师范教育的定位，彰显其独特性，并改进师范教育实践，从而为基础教育领域输送更多具备更高专业素养的教师人才。

教育部已着手推行"国家优秀中小学教师培养计划"（"国优计划"），旨在通过"双一流"高校的力量，为中小学教育输送高层次的研究生学历教师。该计划首批选定北京大学、清华大学、复旦大学、上海交通大学等6所部属重点大学及另外24所"双一流"高校，共计30所院校，携手6所部属师范大学，共同承担培养任务。为提升教师教育质量，计划将优先支持高水平师范院校增设教育专业硕士、博士学位点，并探索本硕连读的一体化培养模式，以扩大教育硕士与博士的培养规模。同时，对现有高校及学科的评估体系进行改革，从"单轨制"转向分类质量评估与支持制度，更加注重教师教育学科的独特性，以此激发师范院校及教师教育机构的活力。此外，该计划还致力于创新教师培养模式，强化教师教育特色，以教育硕士培养为重点，同时适度开展教育博士培养，旨在培养出既具备深厚学科知识，又拥有卓越专业能力，且富有教育热情的高素质复合型教师。

（三）建设面向教师职后发展的教师培训

教师教育体系建设的目的是提升教育教学质量、培育教学成果。教师教育体系全面覆盖了教师的职业生涯，从职前培养、资格认证与入职教育，到职后培训及专业发展，形成了一个持续的发展路径。在职后阶段，持续的专业培训对于教师的成长尤为关键。鉴于当前科学技术和教育理念的快速进步，构建一个高质量的职后培训体系对于保障教师能够不断提升专业素养、适应教育变革，并培养出高质量的学生至关重要。近年来，国际上对教师职后培养给予了高度重视，许多国家已经建立了涵盖国家、地方和学校三个层面的职后培养体系。英国于2005年秋季专门成立"国家科学学习中心"（National Science Leaning Centers, NSLC），目的是帮助科学学科类教师全面认识专业发展需要，支持科学教师的专业发展，美国也非常注重教师职后体系的建设，在职后培训机构方面，科学教师职后培训机构不断多元化，本地大学、社区学院、专业进修机构通力合作为在职教师提供培训。[1]

---

[1] 谢恭芹、丁邦平：《建立科学学习中心网络，深化科学教师专业发展——英国科学教师专业发展及其启示》，《比较教育研究》2007年第9期。

1. 强调职前职后有机衔接

在职前培养阶段，师范院校更多注重通识教育，以培养教师具备丰富的教育理论知识和基本的教育教学能力为目标，但是由于缺乏对实际教学情境的深入了解，教师往往难以将所学知识在之后的工作中转化为教育机智与教学能力。而在职业发展阶段，由于缺乏系统的专业培训和持续的学术支持，许多教师难以实现从新教师到专业教师的跨越。新教师在经历了四年基础性的职前培养之后，如果没有获得有效的规划与培训，是无法较为顺畅地走向职业生涯的。教师教育一体化是架构职前教育与职后教育的桥梁，关键是使得职前教育与职后教育上下贯通，保持终身学习的能力，从整体上提升我国教师的综合素质，提高我国的教育质量。

2. 引入多元化职后培训主体

目前，教师发展机构在"三位一体"中处在师范院校与用人学校之间，主要作用在于协助二者进行多形式的对话，从而解决高校与基础教育学校不相往来、对彼此知之甚少、一体化建设"有名无实"等问题。教师发展机构在推进高校与基础教育学校开展合作的过程中暴露出浅表性、间接性、单一性和低效性等问题。因此，为了丰富科学教师的培训体系，除了现有的师范大学和教师进修学校等传统机构外，还应广泛邀请高水平综合大学、科学研究机构及科技组织加入，多元化培训主体能够确保教师及时获取最新的科研动态，紧跟发展前沿，同时促进教师个性化与多元化成长。教师发展基地校作为贯通高校与基础教育学校之间的纽带，应当成为推动教师专业发展的学习型组织机构。通过提供类似教育现场的实践情境，充分发挥教师的个体创造力与群体协作力，将教师的职前教育知识在各类活动中转化为职后教育经验，并使两者融会贯通、相互促进，从而推动新教师更快适应教师这一角色，树立职业信念。

3. 优化职后教师培训课程

我国职后科学教师培训体系重构的重点，是发展职后培养机构和职后培训课程。教师教育一体化课程要充分考虑教师专业发展进程和教师职业发展阶段，一体化的课程在设置之时就充分考虑不同主体的需要，大中小学校教师加入一体化课程的建设之中，整合学习资源，形成了既统筹又各有侧重的有机的整体性课程。教师教育一体化关注教师专业成长过程中的自主性和个性，在教师成长的每个阶段提供针对性的帮助，使得教师在总体的成长进程中满足自身所需，从而成为既卓越又自主的教师。注重科技教师科学前沿知识、科技应用和科学教育能力的更新，以科研机构考察、访学、在职学历提升等多种途径实现教师专业素养的提升。例如，"国优计划"培养高校要成立由校领导牵头的专项工作领导小组，充分调动校内外资源，支持"国优计划"研究生培养，财政予以支持。其中，教师教育课程可由培养高校独立组织教学，或者与师范院校联合开设。此外，培养高校要建立从教毕业生专业发展跟踪服务机制，各地教育行政部门及中小学校要制订5年一周期的专业发展支持计划，将从教的"国优计划"研究生打造为基础教育领军人才和中小学校领导人员后备队伍。

三、完善保障教师队伍建设的政策支持体系

习近平总书记强调，要从战略高度来认识教师工作的极端重要性，把加强教师队伍建设作为基础工作来抓。[1] 近年来，我国教师队伍建设亮点纷呈、成效显著，已基本建立以各级各类教师工作为主要内容的全方位、全领域政策框架，有效构建从中央到地方的多层级政策网格

---

[1] 习近平:《做党和人民满意的好老师：同北京师范大学师生代表座谈时的讲话》，人民出版社2014年版，第13页。

结构和衔接机制，实现了中央宏观政策纵深推进、部门专项措施精准发力、地方具体方案落实落细。深化教师管理改革，部署推进国家基础教育教师队伍建设改革试点工作，以省、市、县三级10个地区为创新试点，强调试点先行、示范引领，抓好改革试点释放发展新动能。深化教师资格制度改革，必须推动中小学教师资格考试和认定工作平稳发展，2023年上半年教师资格考试开考，共427.3万人参加考试，揭示了工作成效。重视博士后人才吸纳，做好人才"引、育、留、用"工作，开创人才工作新局面，增强青年人才后备力量。深化教师职称制度改革，要从职称评审与监管入手，确保科学严谨，扩宽发展路径。加强教师待遇保障，落实相关政策，建立长效机制，确保义务教育教师平均工资收入水平不低于当地公务员平均工资收入水平成果，并重视边远艰苦地区乡村学校教师住宿问题，推动周转宿舍建设，推动以公租房、保障性租赁住房和共有产权住房为主体的住房保障体系完善。基于中国教育强国建设的现实需要，要进一步优化教师管理服务，完善教师资格制度，深化职称制度改革，完善岗位管理，进一步破解体制机制障碍和瓶颈问题，最大限度地激发教师的积极性、主动性、创造性。

（一）深化教师资格准入和招聘制度改革

《中共中央国务院关于全面深化新时代教师队伍建设改革的意见》强调，要提高教师入职标准，逐步将幼儿园教师学历提升至专科，小学教师学历提升至师范专业专科和非师范专业本科，初中教师学历提升至本科，有条件的地方将普通高中教师学历提升至研究生。[①] 办好人民满意的教育，要吸引优秀人才投身教育事业、壮大教育队伍，实现教师引领助推优秀学生发展。

---

① 《中共中央国务院关于全面深化新时代教师队伍建设改革的意见》，《人民日报》2018年2月1日。

1. 创新和规范中小学教师编制配备

新形势下，加快推进教育现代化成为重中之重，城乡教育一体化发展改革迎来新局面，结合新型城镇化新趋势、全面两孩政策新动态、高考改革新变化，要从编制配备角度统筹规划，科学核定编制总量、盘活编制存量，优先考虑教师队伍的资源配置，为满足教育需求、加快教育发展注入澎湃力量。中小学教师编制标准将城乡统一，有效落实教育公平，条件较好的地区还制定发布了公办幼儿园人员配备规范、特殊教育学校教职工编制标准。编制管理不断创新，策略上重视编制的统筹配置、跨区域调整，坚持"省级统筹、市域调剂、以县为主、动态调配"的基本思路，资源分配上强调乡村小规模学校优先、班师与生师的比例作为重要参考，具体管理上严禁挤占、挪用、截留编制和有编不补。实行教师编制配备与工勤服务购买相结合的模式，可以更好地满足教育快速发展的需求。针对教师入编难问题，还要积极思考、转变思路，实行"教师编制配备与购买工勤服务相结合"的模式，盘活好、利用好现有编制存量，释放编制活力。

2. 优化义务教育教师资源配置

中央"特岗计划"，是教育部以提高农村教育质量为目标，通过中央财政设立专项资金，引导和激励高校毕业生参与农村教育工作，优化农村教师队伍结构，提升农村教师整体素质，助力人才培养提质增效的重要举措。2024年最新发布的计划，主要面向那些愿意投身教育、扎根农村的优秀大学毕业生，特别是师范类专业的毕业生。招聘范围覆盖全国各地的农村学校，特别是偏远、贫困地区，以此缓解这些地区教育资源短缺的问题。该计划的持续推进，有益于优化教师资源合理配置，为农村教育事业高质量发展注入强劲动力。

在义务教育阶段，实施"县管校聘"改革政策，加强县域内校长教师交流轮岗，推行教师聘期制、校长任期制管理，以及通过强化政府支持、提高政策补贴来推进学区（乡镇）内走教制度和中央"特岗计划"持续发展，可以有效实现教育资源的动态调整、促进教育资源的合理配置。面对部分优秀的特岗教师，还要鼓励其攻读教育硕士，旨在提升农村教师的专业水平和教学能力，为农村教育注入新的活力。同时，提倡地方政府和相关院校因地制宜地根据现实需求，进行定向帮扶发力，坚持"三个定向"，规定服务期限，为乡村学校及教学点定向培育与输送急需的复合型人才。此外，银龄讲学计划的开展，是退休教师资源再利用的创新举措，有利于提高农村教育质量。

3. 完善中小学教师资格考试及招聘等政策

为确保教师队伍专业化、教学质量高水平，教师资格考试及招聘等相关政策的完善尤为关键。完善教师资格考试政策，提出教师教育课程、教育教学实践是教师资格认证不可或缺的条件，以此确保教师在教育教学理论与实践层面达到相应水平。判定新入职教师是否合格，要验证其通过标准化教师资格考试，具备教师资格。提高教师准入标准是新时期教育发展的要求，要坚持思想政治素质和业务能力双重考察，根据教育行业特点，分区域规划，分类别指导，结合实际，逐步将幼儿园教师学历提升至专科，小学教师学历提升至师范专业专科和非师范专业本科，初中教师学历提升至本科，有条件的地方将普通高中教师学历提升至研究生。招聘中小学、幼儿园教师时，有针对、有侧重地制定招聘办法，进行科学选拔，选出真正合适、靠谱的人才加入教师队伍。对中小学领导人员进行管理时，严格审查任职条件、资格，确保选拔任用程序公平公正、公开透明。

（二）深化教师职称和考核评价制度改革

针对教师普遍关心的职称评定问题，近年来，国家对中小学教师职称制度改革的重视程度和推行力度大大增强。一方面，将职称等级提高至正高级，打破中小学教师职称层级限制"天花板"；另一方面，深入推进高校教师职称评审"放管服"改革，有利于激发广大教师创新创造活力。继续深化职称制度改革，必须在走深走实上下功夫。党管人才筑根基，发挥学校党委在职称评聘工作中的领导核心作用，在此基础上细化二级党组织责任清单、推动主体责任精准落实，确保党组织在职称申报、资格审查、思想政治表现及师德师风鉴定、评聘组织等各环节中能够统揽全局。优化组织提效能，率先建立"双组长"制的职称评聘工作领导小组，学校党委书记、校长同担主体责任，在此过程中进一步做好基层学科评审委员会和申诉受理委员会等组织的组建工作，以此开拓"学校党委统一领导、职能部门各司其职、二级党组织严格把关"的职称评聘工作新局势。以立促破谋发展，从"立"着手，要公开职称制度改革指导意见、推行职称评聘实施方案、明确职称评审基本标准，要把一线经历、学术成果、社会服务作为评价的重要标准，提高其规范化科学化水平，在此要求下破除资历限制，切实发挥好职称评聘"指挥棒"作用。

1. 进一步完善职称评价标准

提高人才评价工作质量，要健全科学合理的人才分类评价体系，以细化标准为路径，扎实推进"一校一策"工作，不断提升评价的多元性、科学性。在严把质量和程序的基础上，制定较为灵活的开放性评价模式，放宽资历、年限等条件限制，重点支持有真才实学、堪当重任的优秀人才，不断激发人才的积极性、创造性。深化中小学教师职称和考核评价制度改革是顺应时代发展的应然要求，稳步推进取得诸多成效。岗位管理层面，提出调整特定岗位比例，增加中小学中级、高级教师数量，拓宽教师职业发展路径，要求建立与中小学特点相契合的岗位管理制度，确保教师职称评定与聘任机制的顺畅对接。校长队伍建设层面，提倡施行中小学校长职级制改革，强调对中小学校长加强考核与评估，以此发挥督促检查作用，促使中小学校长队伍素质进一步提升。考核评价体系建设层面，鼓励在充分考量中小学教师岗位特点的基础上选择指标、建立机制，要注重指标的科学精准，不要

"唯数据论"。此外，在职称申报上，明确申报高级教师职称和特级教师的必要条件，即必须到乡村学校、薄弱学校任教满一年，突出了开展社会服务、履行教师职责的重要性。在聘后管理上，要求完善配套政策，实行定期注册制度，建立完善教师退出机制，体现了教师评审的严要求、严处理。

2. 健全职业院校教师管理制度

加强职业学校教师队伍建设，要健全职业学校兼职教师管理制度，与企事业单位协调与配合，系统部署、科学设计，鼓励吸引具有实践经验的企事业单位技术人才到职业学校兼职任教。第一，中等职业学校人员配备规范的深化。针对职业教育的特殊需求，各地区应深入研究并制定符合当地实际的中等职业学校人员配备规范，确保教育资源的合理分配与高效利用。第二，职业院校教师资格标准的创新。适应时代发展需求，应将行业企业从业经历作为教师资格认定的必要条件进行考量，通过与企业的紧密合作，确保教师具备最新的行业知识和技术，提高教学的创新性和前沿性。第三，职业院校用人自主权的落实。职业院校应充分发挥用人自主权的积极作用，灵活调整教师招聘策略，优化招聘流程与标准，以此吸引更多知识丰富、技能出色的优秀教师。第四，职业院校教师人事管理制度改革的推进。实施固定岗和流动岗相结合的新模式，专设流动岗位为行业企业的顶尖人才服务，通过兼职任教的形式促进知识更新与教学方法创新，满足产业发展与全球产业竞争的需求。第五，教师考核评价制度的改进。以双师型教师考核评价工作为重点，严格标准要求，以专业技能与教学能力为导向，促进教师发展。

坚持"以专任教师为主，兼职教师为辅"的基本原则，是设立高水平职业院校教师队伍的关键。在选聘上，从产业升级和技术变革的最新动态出发，重点针对战略性新兴产业相关专业、民生紧缺专业和特色专业，把满足学校发展、人才培育的需要作为工作的出发点和落脚点。基于此，实施多样化聘请方式，如采取个体聘请、团体聘请或两者结合的方式，采取特聘教授、客座教授、产业导师等方式，以及与企事业单位进行互聘兼职，以此丰富教师队伍构成。在管理上，对兼职教师的比例进行控制，一般不超过职业学校专兼职教师总数的30%，要求建立完善的兼职教师个人业绩档案，记录其具体兼职任教情况，并作为原单位考评、晋升的重要依据。

3. 深化高等学校教师人事制度改革

加强高等学校教师队伍建设，要深入探索高等学校人员总量管理策略，实现教师队伍的精准配置，通过科学规划和动态调整，确保教师队伍与学校发展目标相匹配。在教师选聘过程中，高等学校需要考察应聘者的两个方面，重点测评思想政治素质和教学业务能力，需要明确教师职业准入新要求，将岗前培训和教育实习作为新入职教师通过教师资格认定的新标准，需要加大聘用具有其他学校学习工作和行业企业工作经历教师的力度，严格选聘强化队伍，推动工作提质增效。同时，随着外国人永久居留制度的改革，高等学校应当完善外籍教师的资格认证和服务管理制度，以吸引和留住国际优秀人才。高等学校教师职称制度改革，关键在下放自主评审权，赋予学校进行职称评定与按岗聘任的自由，并规定不符合条件的高等学校不得独立组织评审，但可以进行联合评审。职务聘任制改革，实现准聘与长聘相结合的制度，准聘对象在准聘期需接受考核，通过后得到长聘教职，聘期考核对教师发展、担当作为起到重要导向作用。职称评聘同时受到监管，教育和人力资源社会保障等部门作为主体，分事中、事后两个阶段对评审过程、评审结果进行监管，以此强化合规监管、提升监管效能。在高等学校教师考核评价制度改革层面，同样把教育教学业绩和师德放在重要位置，将教授为本科生上课作为基本制度，并强调要在正确导向指引下，聚焦需求、综合施策，让高层次人才流而有序。

（三）深化教师队伍待遇和权益维护制度改革

改善教师地位待遇不仅是落实党的知识分子政策的要求，也有助于在全社会形成尊师重教的氛围，提升教师的获得感，充分调动教师群体的积极性，发挥其在社会主义建设中的作用。突出教师职业和国家公职人员一样的公共属性，将进一步带动教师政治地位、社会地位和职业地位的提升。

1. 强化组织保障

构建现代学校制度，需秉承以人为本的原则，强化教师的主体地位，并确保其知情权、参与权、表达权及监督权得到充分落实。为此，要完善教职工代表大会制度，维护教师参与学校决策过程的民主权益。同时，推行具有中国特色的大学章程，坚持完善党委领导下的校长负责制，积极发挥教师在高校管理与办学中的积极性和创造性。

保障教师职业尊严与合法权益，关注其身心健康状况，激发教学积极性。要加强对民办学校教师权益的保护，建立健全由学校、个人及政府共同承担责任的民办教师社会保障体系。民办学校需依法与教师签订劳动合同，确保薪资按时足额发放，全面保障教师的福利待遇及其他合法权利，并足额为其缴纳社会保险及住房公积金。同时，依法确保民办学校教师在专业培训、职位晋升、荣誉表彰、科研项目申请等各方面享有与公办学校教师同等的待遇和机会。

各地区教育和人力资源社会保障部门应将兼职教师纳入教师队伍建设的整体蓝图，强化对职业学校兼职教师管理工作的引导和支持。同时，将职业学校聘请兼职教师作为人事管理的监督范畴，并将兼职教师的聘请及授课表现视为评估学校教师队伍建设的重要指标。在计算职业学校师生比例时，可根据相关标准，将兼职教师人数按一定比例折算为专任教师人数。

2. 强化经费保障

从2018年至2022年，国家在教育领域的财政性经费投入累计达到21.4万亿元，实现年均7%的快速增长。在此期间，各级财政部门积极履行职责，着重加大对教师队伍建设的支持力度，不断提升教师的待遇，推动新时代教师队伍建设深化改革。各级政府需继续把教师队伍建设作为教育投入的优先选择，强化支出保障机制，确保国家关于教师队伍建设的各项重要政策得以有效实施。同时，应优化经费配置，优先解决教师队伍建设中最为薄弱和紧迫的问题，构建以政府为主导、多渠道融资的教育经费体系，并规范经费支出，确保其高效利用。

大力提升乡村教师待遇。深入实施乡村教师支持计划，建立更加完善的薪资体系，确保乡村教师的收入能够与其付出和专业水平相匹配，并适时进行动态调整，以彰显其劳动价值。建立健全乡村教师的生活补贴和福利制度，特别是对在偏远和艰苦地区工作的教师，应给予更多的倾斜和支持，根据偏远程度落实差别化补助，鼓励各地根据自身条件提高补助标准。加强乡村教师的职业发展路径规划，在表彰奖励方面向乡村教师倾斜，提供更多的培训机会和晋升空间，激发他们的职业热情。

建立健全中小学教师工资联动机制，确保在核定绩效工资总量时，充分参考当地公务员的实际收入水平，以保障中小学教师的平均工资收入水平不低于或高于当地公务员的平均水平。建立多元化的激励机制，不仅包括基本工资的提升，还应完善绩效考核与奖励制度，重视中小学班主任和特殊教育教师的辛勤付出，提高中小学班主任和特殊教育教师的绩效工资水平。

推进高等学校教师薪酬制度改革。建立与教师工作绩效挂钩的薪酬体系，依据教学质量、科研成果、社会服务等多维度进行评价，确保薪酬与教师的实际贡献相匹配。改革应注重薪酬结构的优化，除基本工资外，可增加科研奖励、教学津贴和社会服务等专项补助，形成多元化收入来源，激发教师的工作积极性。同时，针对高等学校教学岗位的特性，完善内部激励机制，对专职教学的教师，适度提升基础性绩效工资在整体绩效中的占比，并加大对教学型名师的岗位奖励力度，以激发教师的教学热情。

3. 强化督查督导

督导的核心内涵在于对教育工作的监督与指导，其宗旨在于提升教育质量。督导不仅仅是检查学校的工作，更是对教育政策、课程设置、教学质量等进行全面的评估。受本级政府或同级教育行政部门的委托，行使督导权的机构和人员根据国家教育的方针、政策与法律规定，对下级政府的教育管理工作、下级教育行政部门以及各级各类学校的运作进行监督、评估及提供指导。这不仅是确保国家教育方针得以贯彻执行的重要举措，也是坚定追求教育目标的重要体现。

各级党委和政府应将教师队伍建设纳入督查重点，并将其作为考核党政领导班子及相关干部的重要参考。首先，督导工作应集中在地方政府在教育领域的资金投入、经费使用与管理、教师编制与待遇、重大教育项目实施和义务教育均衡发展等方面，还要对这些领域的执行情况进行评估和复查。此外，我们还应关注控辍保学、教育热点难点问题和重点工作、重大教育突发事件等。其次，在督学方面，重点关注学校落实立德树人情况，包括学校党建及党建带团建队建、教育教学科学研究、师德师风资源配置、教育收费安全稳定等方面。我们要以认真负责的态度、严谨细致的作风，对照教育部门的要求，确保学校各项工作平稳有序、落实到位。最后，在督导工作中，要以教育方针政策为指引，以迎评工作为抓手，以单项督导、常规督导、专项督导为常规方式，以教学改进为核心目标，以问题整改为重点关注点，以挖掘亮点为工作取向，最终目的是推动学校的发展。

后 记

中华文明源远流长、绵延不断，基础在教育。实现中华民族伟大复兴，基础在教育。当今世界，新一轮科技革命和产业变革深入发展，围绕高素质人才和科技制高点的国际竞争空前激烈。我国在建设教育强国上取得了举世瞩目的成就，但也要清醒地认识到实现从教育大国向教育强国的跨越依然任重道远。必须把教育摆在优先发展的战略位置，主动超前布局、有力应对变局、奋力开拓新局。基于此，我们聚焦"教育"这一根本大计，深入学习贯彻党的二十大和习近平总书记关于教育的重要论述精神，全面贯彻党的教育方针，从新时代教育强国的战略地位、历史使命和基本内涵入手，依据全面推进教育强国建设的战略任务和重大举措撰写此书。

目前，关于建设教育强国的研究已有一些成果，撰写这样一本著作，对我们而言也是一次挑战。本书只是抛砖引玉，相信今后会有更为出色的关于该主题的作品出现。衷心感谢国防科技大学各级领导和机关在本书撰写和出版过程中给予的大力支持和帮助。中共中央党校出版社的领导和责任编辑对本书的出版高度重视、大力支持，在此一并表示感谢。在写作过程中，我们参考借鉴了许多专家的研究成果，用脚注方式在书中进行了标注，但难免会有疏漏，在此，对诸位学者表达谢意和歉意。另外，硕士研究生朱育锋、徐轶玲和周李明参加了本书部分章节资料的搜集、文本格式和文献的校对工作，同样表示感谢。

本书力求在理论与实践的深度结合中做好教育强国的宣传解读，为理解新时代加快建设教育强国的重大意义、战略目标和实践路径提供一定参考，但鉴于水平有限、时间仓促，难免存在不足之处，诚请各位读者赐正。

纪建强

2025年2月